イラストでよくわかる!

感じのいい人がやっている

きれいなお作法

ミニマル＋BLOCKBUSTER

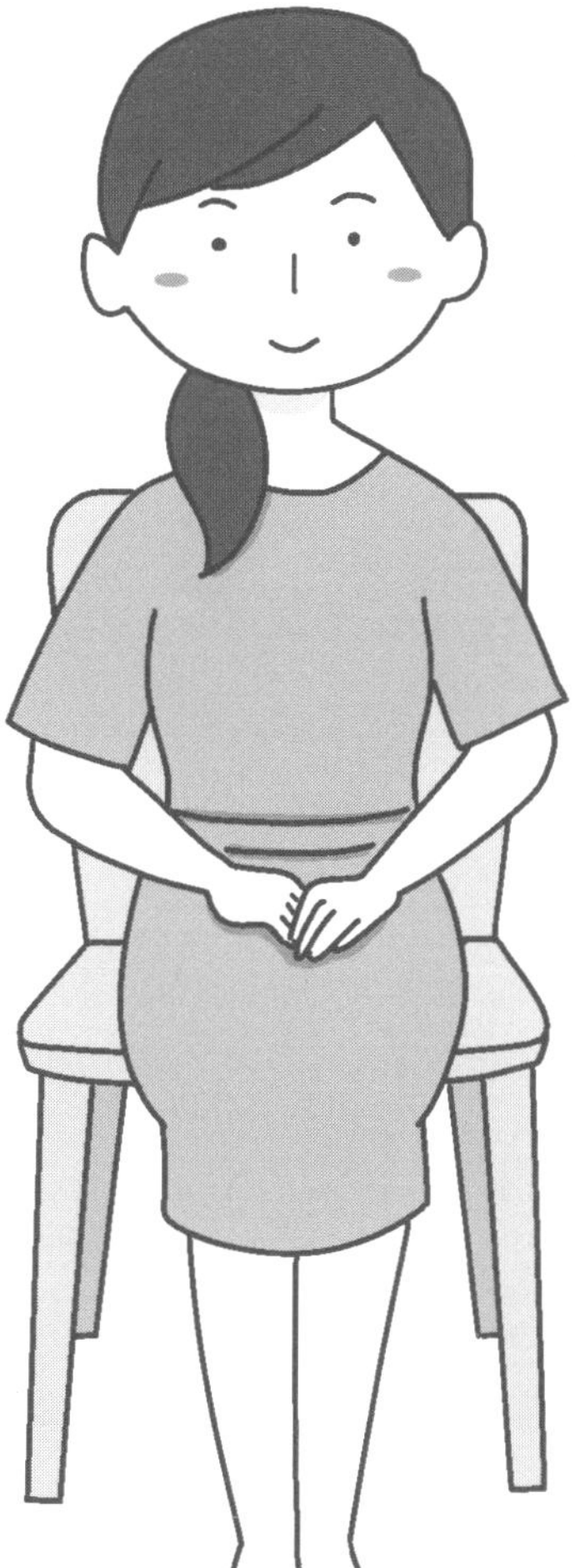

彩図社

はじめに

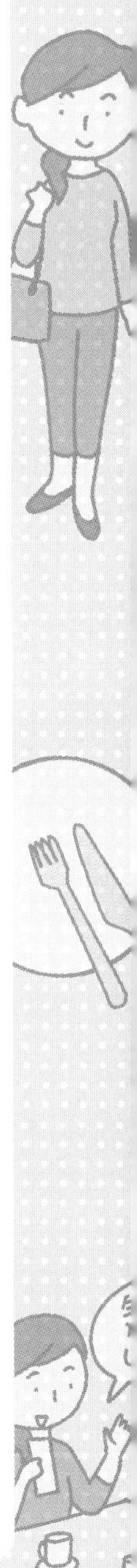

「あの人がいると場が円満になる」
「あの人とまた仕事がしたい」
「あの人を嫌う人なんていないよね」
そう口々に言われるのは、どんな人でしょうか？

どことなく〝感じのいい人〟。

そう思わせるのは、特別なスキルや地位ではなく、案外、日常のシンプルな習慣の積み重ねなのかもしれません。


習慣というのは、人や物との向き合い方であるともいえます。

相手を選ぶことなく気遣いができ、適切な距離感をわきまえ、物腰柔らかく、丁寧に向き合うこと。そして、それを行動や言動で示すことを、〝感じのいい人〟はきちんとやっている。

その考えのもと、本書では日常に取り入れたくなる〝きれいな作法〟を紹介しています。この一つひとつを習慣化すれば、人間関係や自分自身の生活がより気持ちのい

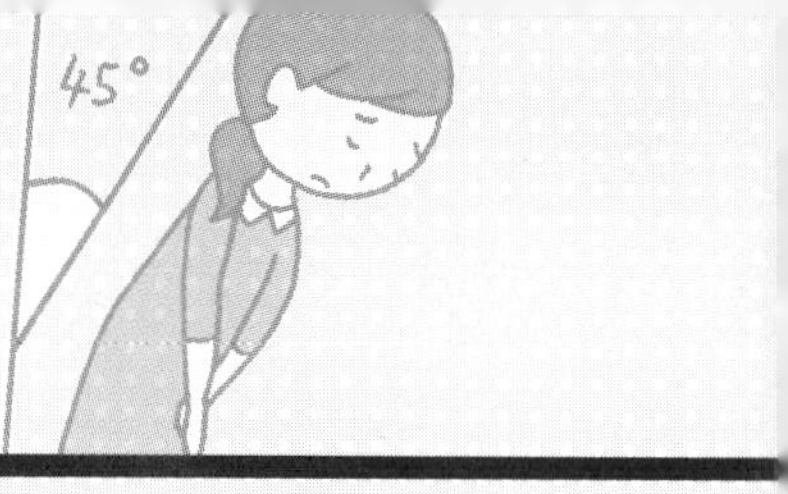

いものに変わっていくでしょう。

たとえば、第1章でご紹介する「歩き方」。背筋を伸ばし、かかとから着地するきれいな歩き方は、周囲の空気までも気持ちよくします。また、近くに人がいたり、一緒に歩く人がいたりする場合は足音や歩くスピードにも気を配ることが大切です。

「そんな単純なこと？」と思われるかもしれません。しかし、この動作の一つひとつは他者への思いやりが欠けていると、なかなかできないものです。言い換えると、覚えるのが難しい、堅苦しいものではなく、「なぜそうするのか」という心構えさえきちんと理解できれば、自然と身につくような作法でもあります。

本書で取り上げる作法は、基本的なふるまいのほか言葉の使い方、身だしなみ、お呼ばれや食事会など日常のシーンで使えるものも数多く紹介しています。まずは実践あるのみ。さっそく、今日から取り入れてみてください！

『イラストでよくわかる　きれいなお作法』制作班

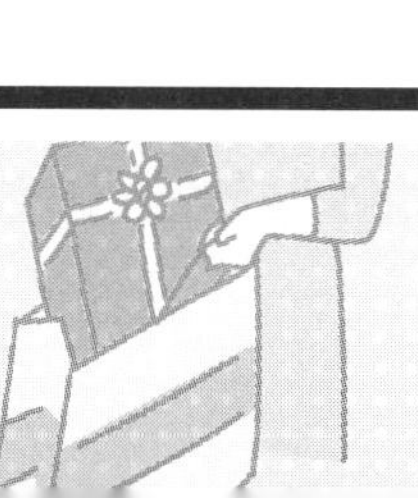

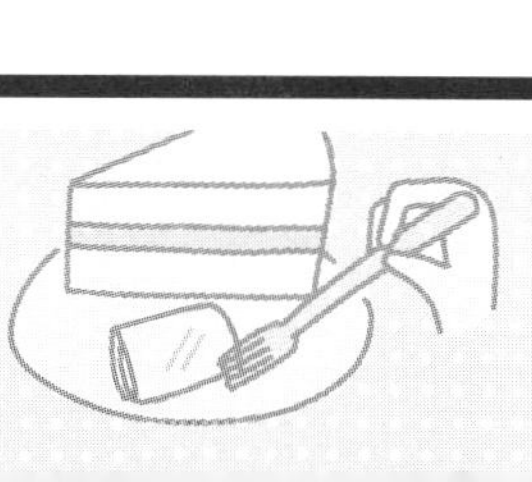

イラストでよくわかる　きれいなお作法

-CONTENTS-

第3章 身だしなみのお作法

第4章 日々の暮らしのお作法

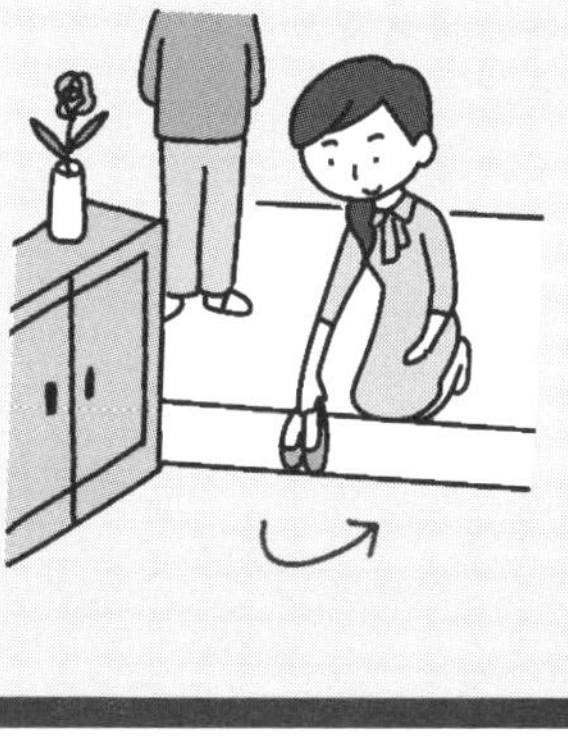

【本文を読む前にチェック！】

その行動、「感じが悪い」かも？

悪気はなくても、無意識の行動が周囲の人に不快感を与えてしまう……。
そんな行動の一端をご紹介。自分自身を振り返ってみましょう。

ものを雑に扱う

ものを手渡すとき、お会計で小銭を置くとき、コップをテーブルに置くとき……ものを雑に扱う人は、人に対しても雑な印象を与えてしまいます。

■ものの扱い方のお作法→16ページ

「ながら」あいさつ

手元の資料やスマホを見ながら「ありがとうございます」「おはようございます」と言っていませんか？　あいさつ時は動作を止めるのが相手へのマナーです。

■あいさつのお作法→24ページ

奢られるのは当たり前？

「いつも奢ってもらっている」「上司だから」といって、奢られて当たり前のような態度はNG。感謝や遠慮のひと言が大切です。

■ごちそうする・されるときのお作法→42ページ

TPOの配慮がない香水

病院や映画館に行くとき、電車やバスに長時間乗るとき、しっかり香る香水をつけていませんか？　その香りが周囲の人の迷惑になっているかも。

■アクセサリー・香水のお作法→56ページ

自慢ばかりのSNS

高価な買い物や豪華な食事は人にも見せたくなるもの。ですが、SNSでそればかりを投稿すると、見せられている側はうんざりしてしまいます。

■ SNSのお作法→76ページ

【第1章】キホンのふるまい

いくら気の利くあいさつをしていても、表情が見合っていなかったり悪い姿勢だったりすると説得力が伴いません。キホンのふるまい方を最初に振り返ってみましょう。

1 キホンの表情・姿勢

形だけマナーが完璧でも無表情だったり、姿勢が悪かったりしては台なしです。まずは印象アップのキホンとなる表情・姿勢をおさらいしましょう。

ネガティブな感情に要注意！

表情はその人の内面や感情を映し出します。仕事や人間関係でのイライラが表情に出てしまうと、周囲に「怖い人」「感じの悪い人」という印象を与えかねません。心がけたいのは、意識的に口角を上げること。これだけでも表情が柔らかくなり、周囲を和ませる魅力的な人になります。

また、無表情というのも感情が伝わりづらく、相手に不安や不信感を与えてしまうものです。お手洗いに立った際など、鏡の前では表情が暗くなっていないかをチェックし、口角を上げる習慣をつけましょう。日頃からポジティブな考え方を心がけることも効果的です。「楽しい」「面白い」「うれしい」といったポジティブな感情は自然と口角を上げ、表情も柔らかく、明るくしてくれます。

美しい姿勢で凛とした印象に

いつも背筋が伸びている人は堂々として見えますよね。とはいえ、背中は気づけば丸まりがちです。普段からきれいな姿勢を意識することが大切です。

このとき腰を反りすぎてしまうなど、無理な姿勢にならないよう正しい立ち姿勢を確認しておきましょう。まず、部屋の壁に背をつけて立ち、軽く顎《あご》を引きます。頭・肩甲骨・お尻・かかとが壁についていて、背中に手のひら程度の隙間が空いている状態がいい姿勢です。

また、街中での待ち時間などに気をつけたいのが重心を片足にかけた姿勢。これは体が歪んで、だらしなく見えてしまいます。休む姿勢をとる際は、片足を少し斜め前に置いて立つとスッキリ美しく見えます。

気配り上手な人の表情と姿勢

いつも明るくやわらかい表情をしていて、姿勢がいい人であること。
それが周囲への気遣いの第一歩です。

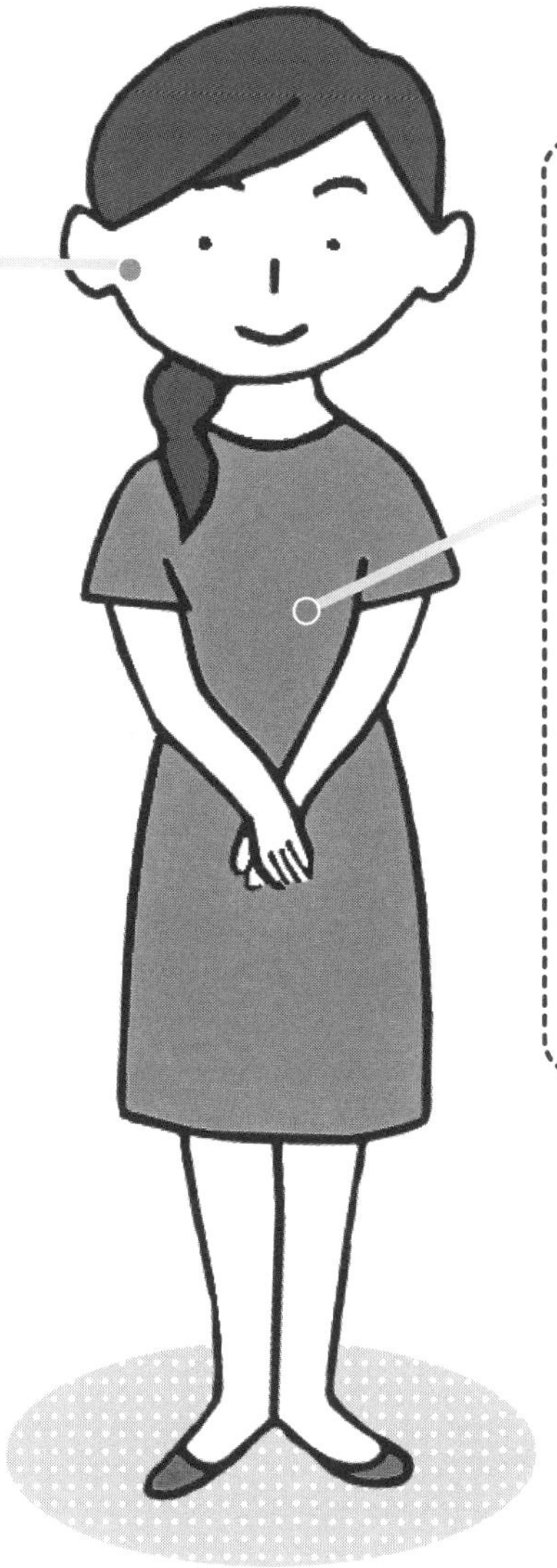

表情のつくり方

口角を少し上げる習慣をつける

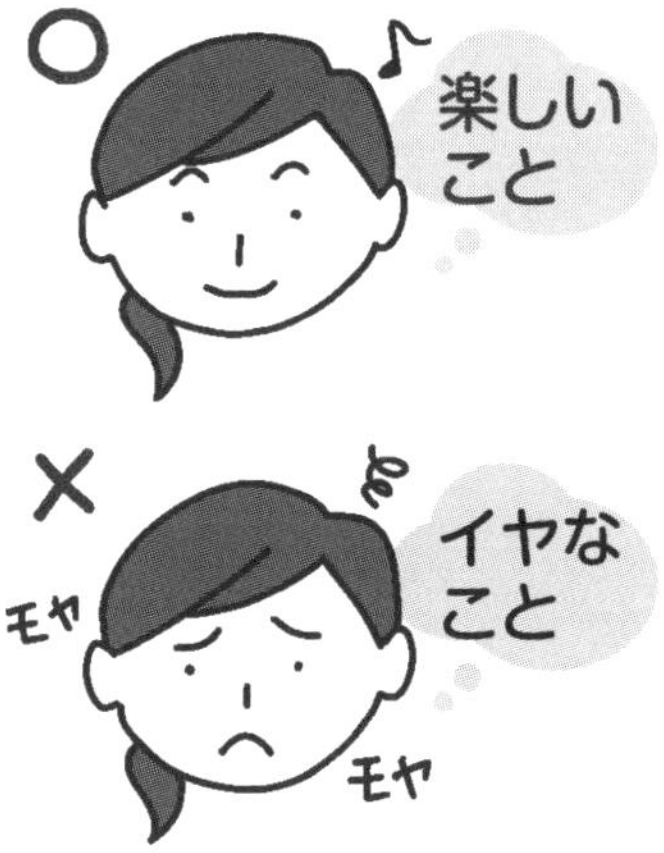
○
楽しいこと
×
イヤなこと
モヤ
モヤ

イヤなことを考えていると、気付かないうちに口角や眉が下がり暗い顔になってしまいます。ポジティブなこと、楽しいことを想像すると自然な明るい表情に！

よい姿勢

壁を使ってチェック!

Good
頭
肩甲骨
少し隙間があればOK
お尻
かかと

肩〜肩甲骨が丸まると猫背になるので注意。

ワンポイント

鏡の前で姿勢・表情のチェック!

意識しないと表情や姿勢はすぐに元通りに。確認する習慣をつけましょう。

休む姿勢

立ち止まって休む姿勢をとるときは、片足を前に少しずらします。

少し前に

きれいなお作法

2 歩き方

街中で歩いている人を見て、「なんだかあの人素敵だな」と感じたことはありませんか？ 人は歩き方だけで印象を変えられるのです。

キホンの姿勢＋かかとを意識

日常で誰もが行う動作であるからこそ、歩き方もその人の印象に大きな影響を与えます。

まず気をつけたいのが姿勢。背筋をきちんと伸ばした状態をキープしてかかとから着地するように歩きましょう。目線をまっすぐ前に向けるとさらに美しい歩き方になります。ただし、「モデル歩き」を意識しすぎると、かえってO脚などが誇張される可能性も。最初はキホンの姿勢を整えて自然に歩くことを心がけましょう。

また、階段を上るとき、つま先だけで上がる人も多いですが、楽に上がれたとしても、その姿は美しくありません。平らな場所を歩くときと同様に、階段でもかかとをきちんとつけて足全体を使って上ることが大切です。

足音やスピードは大丈夫？

悪気はなくても、いつもドスドスと大きな音を立てて歩いていると自分が思うより目立ちます。大きな音はガサツな印象も与えます。そうならないためにも、ゆっくり動くことを心がけましょう。物を置くときや話すときなど普段の動作も含めて意識することで、おのずと丁寧な歩き方につながります。このような所作は心の余裕をつくり、エレガントな雰囲気をもたらしてくれるのです。

しかし、相手がいる場合は相手に合わせることも大切です。少し急ぐ様子でいるのなら、こちらもスピードを合わせる必要があります。自分のペースを守ることも大事ですが、お互いが居心地よく過ごせるよう、相手に寄り添う気遣いができるといいですね。

歩き方の大事なポイント

歩き方にもその人の人柄があらわれます。
スマートに歩いて、心地いい印象を与えましょう。

×
○
猫背になっている
足音が大きい
ドスドス
中心軸が通っている
かかとから着地

「かかと」から着地！

かかとを使って上ろう！

足を真上からまっすぐおろすと、「ドスン！」という大きな音が出てしまいます。かかとから着地することで自然と静かな歩き方に。階段を上るときも、かかとから足全体を使って上るときれいに見えます。

歩く速さに気をつけて

誰かと一緒に歩いているときは、相手のペースに合わせることを意識して。急いでもいないのに早足で歩くのは相手を戸惑わせてしまいます。相手の体調や靴の種類などにも気を配れると素敵ですね。

3 キホンのふるまい

オフィスで座って仕事をしている姿、廊下で落としものを拾う姿……何気ない動作でも少し意識するだけでガラッと印象が変わります。

座っている間も気を引き締めて

長い時間椅子に座っていると崩れがちな姿勢。ポイントは、座っている間、膝と膝をつけることです。足先まで揃え、背筋を伸ばすとさらに美しく見えます。背もたれはできるだけ使わないのがベター。テーブルには肘をつけないように気をつけましょう。また、スマホの画面に集中するとどうしても顔が下に向き、首が前に出てしまいがちです。脇をしめ、スマホを目線の高さまで持ち上げることで美しい姿勢をキープできます。

腰掛ける際は椅子の正面に立ち、背筋を伸ばしたまま静かに腰を下ろします。立つときは片足を少し後ろに引き、正面を向いたまま背筋を伸ばして立ち上がるとスマートです。退席する際には椅子の位置を直すのも忘れずに。

しゃがむ動作・扉の開閉は要注意

もうひとつ、何気ない動きだけれど気をつけたいのが「しゃがむ」動作。ものを拾ったりする際のイレギュラーな動きだからこそ気を抜きがちですよね。まず、膝を閉じた状態で背筋を伸ばしたまま腰を落とします。脚は前後に少しずらすと楽です。そして、しゃがんでからものを拾い上げると丁寧かつ上品な印象になります。

一つひとつの動作を丁寧に行うことは周囲への気配りでもあります。わかりやすい基準として「音」があります。扉を閉めるとき、無意識に「バタン」と音を立てていませんか？　扉はドアノブを持っていない方の手も添えて静かに閉めましょう。ものを置く際なども音を立てないようにする配慮が必要です。

座る・しゃがむ・立ち上がる

気が緩みがちな動作だからこそ、キチンとおさえることで
一気にエレガントな印象に！

1

背筋をまっすぐ伸ばす

胸を反らして肩を軽く後ろに引き、みぞおちを上げるイメージで！

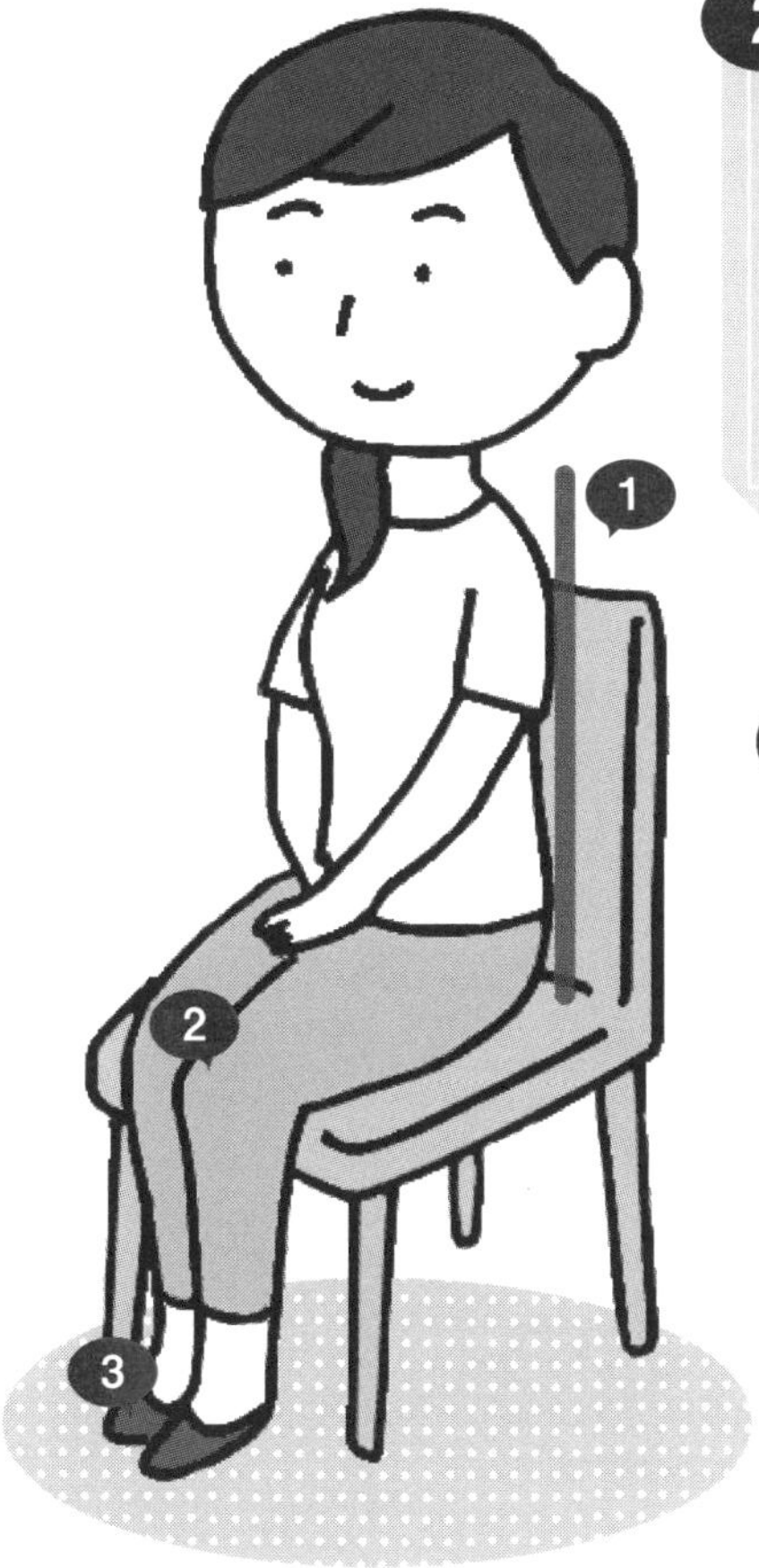

2

膝と膝の間は開けない

膝が開いていると一気に粗野な雰囲気に。最初はきつくても膝をつける。

3

足先まで揃える

体の端まで意識を向けることで、姿勢全体が美しく見えます。

ワンポイント

スマホを見る際は、脇をしめて画面を目線の高さまで持ち上げる。

しゃがむときは…

膝を閉じ、背筋を伸ばしたままゆっくり腰を落とす。

立ち上がりも美しく！

片足を少し後ろに引き、背筋を伸ばしたまま立つ。

4 街中でのふるまい

きれいなお作法

「袖振り合うも他生の縁」という言葉がありますが、街中でたった一度すれ違う見知らぬ人に対しても、気配りを怠らずにいたいものです。

エレベーターなど公共の場での気配り

「感じのいい人」とは、知り合いだけではなく、通り掛かりの見知らぬ人にも思いやりのある行動ができる人です。

たとえば、雨の日には畳んだ傘の先端が人に向かないように持ち方を工夫したり、傘を差した状態で人とすれ違う瞬間には傘を傾けてぶつからないようにしたり。

すれ違う場面といえば、エレベーターでのやりとりにも気配りのポイントがあります。途中で誰かが乗り込んできたときは「何階ですか」と声をかけてボタンを押し、人が降りるときは「どうぞ」と先に降りていただきましょう。人と一緒に乗り込む場合は、「お先に失礼します」と断ってから先に入って「開」ボタンを押し、他の人が乗り込むのを待ちます。

また、人が入れ替わり使用する化粧室では使用後に場を整える気遣いを。洗面台の水はねを拭き取る際はペーパーを使うといいでしょう。お店に入る際などは、入り口のドアを通ってから軽く振り返り、後から来る人のために扉を押さえるのもさりげないやさしさです。

タクシーでのふるまい

街中でのふるまいでもうひとつ気になるのが、タクシーに乗り込むときのスマートな所作。ポイントは「腰から」です。座席に腰を浅くかけてから体を90度回転させ、両脚を入れます。こうすると頭や足から乗り込むよりもたつきません。また、降りるときは「脚から」。体をドア側に向けて先に脚を地面に下ろし、その後に立ち上がりましょう。

気配りが光る街中のシーン

そのふるまい、誰かに見られているかも？
公共の場では周囲の人が気持ちよく過ごせる気配りを。

すれ違いの気配り

エレベーターに乗っているとき、人が乗り込んできたら「何階ですか」、人が降りるときは「どうぞ」のひと言が自然と出ると素敵ですね。

気を つけよう

雨の日や人混みなど、多くの人がストレスを感じやすい場面では、少しの気配りがさらに輝いて見えます。道路状況や人の流れなど周りをよく見て、他の人が気持ちよく過ごせる行動を意識してみましょう。

タクシーの乗り降り

まず腰かけてから両脚を入れて乗る。奥に移動するときも腰→足の順に動く。降りるときは脚を地面に下ろしてから立ち上がる。

ワンポイント

「次の人のために」の心

公共の洗面所で水はねを軽く拭いたり、後から人が来たら扉を押さえるなど「次の人」のための行動が自然とできると素敵です。

5 ものの扱い方

ものを持ち上げるときや人に手渡すとき、自分の手元を意識したことはありますか？　ものを丁寧に扱う様は、身のこなしを一段と優雅に見せます。

「両手」が基本

ものの扱い方にも人柄や普段の暮らしぶりが表れます。傷をつけかねない乱暴な扱いはもちろんNG。

ものを持ち上げるとき、片手ではなく両手で持つとより丁寧で美しい仕草となります。小さなものの場合は、片手で持ちつつもう一方の手を添えます。

人に何かを手渡すときはなおさら両手で持つことを意識しましょう。渡すものの正面が自分に向いていたら、一度時計回りに90度回してから、さらに90度回して相手に正面を向けて渡すと丁寧です。また、刃物やペンなどの先端が尖っているものを渡す場合は、必ず先端を自分の方に向けて渡します。現金を渡すなら、事前に封筒に入れたり懐紙に包んだりして渡すのがベターです。

公共のものこそ丁寧に

自分のものに限らず、会社やお店、公共の備品や商品も丁寧に扱うのが大人のマナー。誰も見ていないからといって適当な扱いをしていては、いざというときにも同様の行動をとってしまいかねません。

お手洗いではトイレットペーパーの切り口を整えましょう。衣料品店で試着をする場合は商品を汚さないようフェイスカバーをし、試着後は軽くたたんでからお店の方に渡します。会社の給湯室などで使ったものはきれいな状態にして元の場所に戻したり、映画館や新幹線のリクライニングシートを元の位置に戻したりするのも忘れずに。

日頃から他人を思いやる心の余裕を持ち、それを実践することが大切です。

丁寧な人のものの扱い方

ものを手渡すという簡単な動作でも配慮は欠かせません。
「この人、丁寧な人だな」と思われるものの扱い方をおさらい。

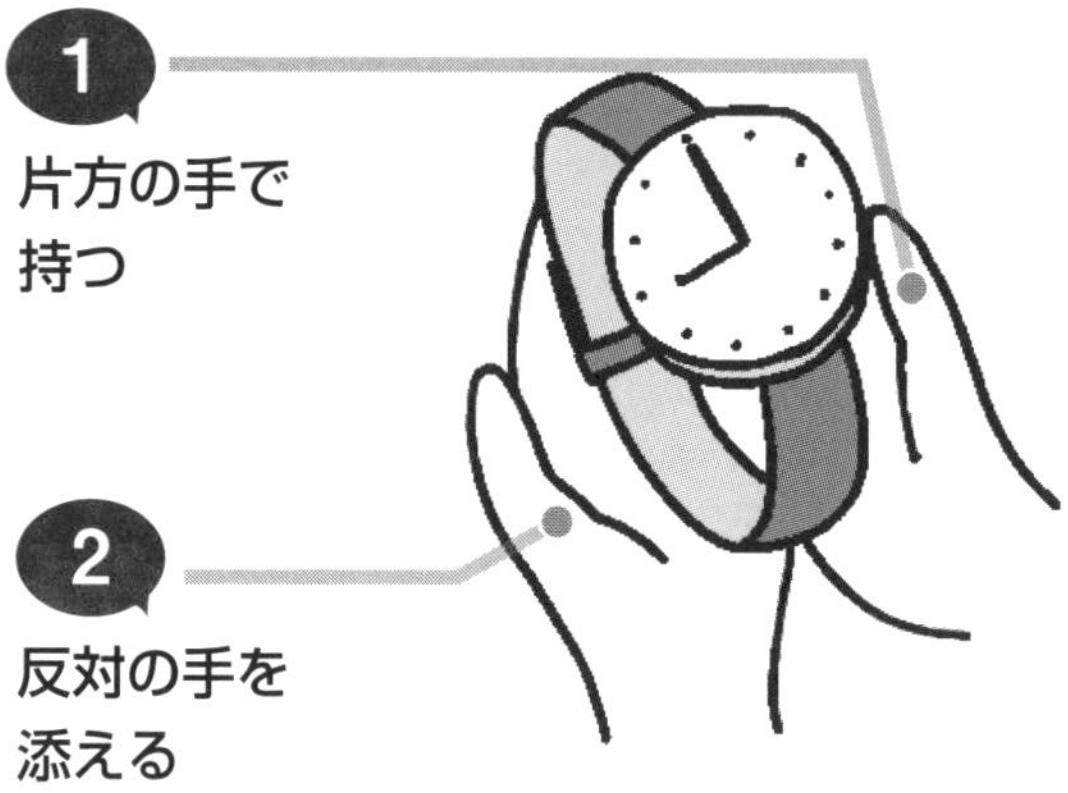
1
片方の手で持つ
2
反対の手を添える

ものの持ち方

他人のものだけでなく、どんなものでも基本的に「両手」で持ちます。片手で持てるくらい小さいものの場合は、反対の手を添えて持ちましょう。

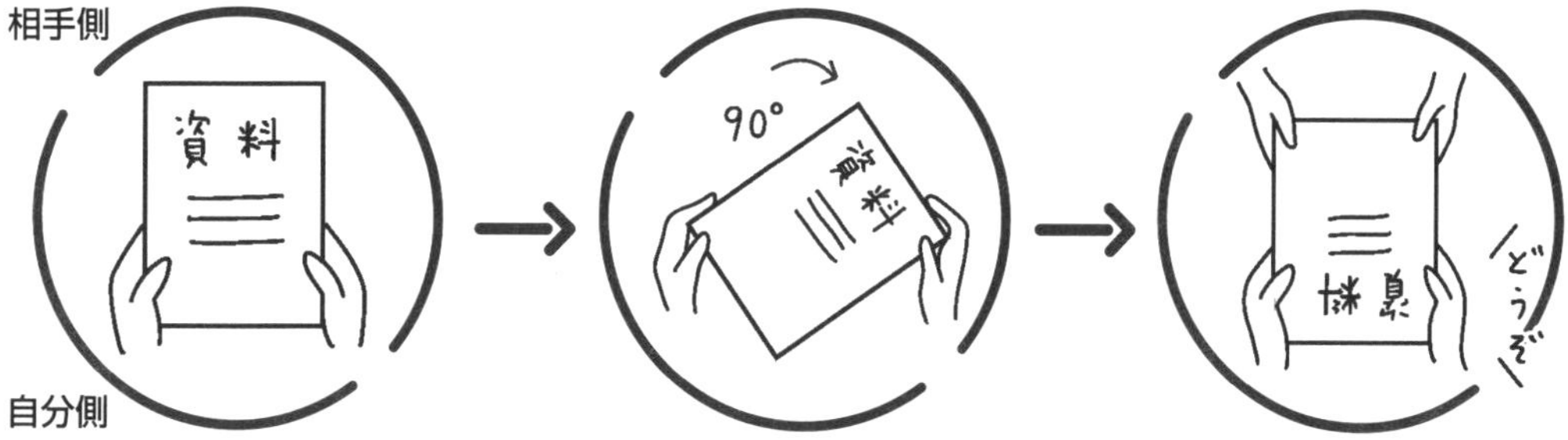
相手側
資料
自分側
90°
資料
資料
どうぞ

ものの手渡し方

正面が自分に向いた状態から、一度時計回りに90度回し、さらに90度回して相手に正面を向けて渡します。刃物や尖ったものは先端を自分側に向けて。

「使ったら元に戻す」、「丁寧に扱う」といった当たり前の行動があなたを輝かせますよ
丁寧に
元に戻す

公共のものの扱い方

「トイレットペーパーの切り口は整える」「お店で試着した商品は汚さず、軽くたたんで返す」「職場の備品はきれいに使って元の場所へ」……当たり前に思えることもきちんとできるのが素敵な大人です。

きれいなお作法

6 会話の姿勢

会話のコミュニケーションにおいて大事なのは話の内容だけではありません。お互いに気持ちよく会話を楽しむためにおさえるべき「姿勢」をご紹介します。

「興味がある」ことを行動で示す

会話を円滑にし、より楽しむためのポイントは相手の話を興味深く聞き、それを行動で示すことです。誰しも自分の話に興味を持ってもらえたらうれしいものですよね。

体を相手の方に少し傾けながら適度にうなずき、要所要所ではあいづちを打つことで話に集中していることを示しましょう。ただし、話し終わらないうちにあいづちを打つと相手は急かされているように感じるので、発言は話を最後まで聞いてから。話に同意できない場合もすぐに否定するのではなく、一度相手の考えを汲み取る余裕を持って。

相手に興味を持つことは大事ですが、あまり親しくない間柄の場合、何でも質問するのは失礼にあたります。家族の話題や住んでいる場所などのプライベートな話題は避け、まずは共通の話題から話を広げましょう。

声の大きさや視線に配慮して

会話中の居心地の良さを左右するのが声の大きさや目線です。目線は、相手の顔全体を見るようなイメージで。全身をじろじろと見たり、目を見つめ続けたりするのは無遠慮にとられてしまうことがあります。話を聞きながら時計を見たり、スマホの画面を見たりするのも「話に飽きている」という意味にとられてしまうので避けましょう。

また、顎の角度が上がっていると相手は見下されているような印象を受けてしまいます。顎は軽く引いて正面を向くと好印象です。静かな場所や話題によっては、声の大きさを調節する配慮も大切です。

心地よい会話の姿勢

「居心地がいい」「また話したい」と思われる会話のコツって？
態度で示す会話の姿勢を見てみましょう。

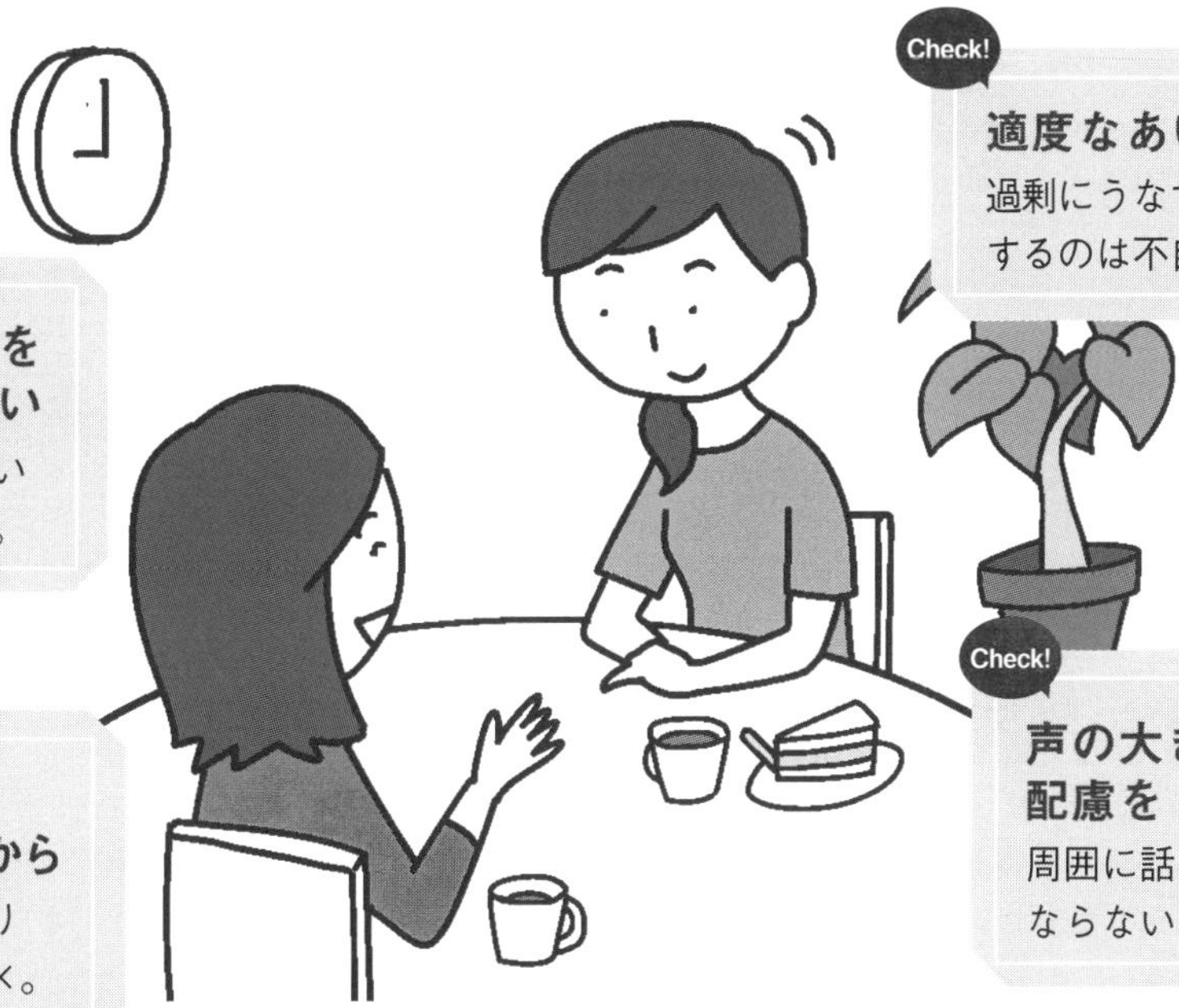

Check!
適度なあいづち
過剰にうなずいたりするのは不自然です。

Check!
スマホや時計をちらちら見ない
話を切り上げたいように見えます。

Check!
発言は相手が話し終わってから
話をさえぎったり話題を奪うのは×。

Check!
声の大きさに配慮を
周囲に話が筒抜けにならないよう注意。

ワンポイント
目線は顔全体に！
眉あたりから口元までの範囲を見るイメージで。

Check!
全身をじろじろ見ない
見すぎるのも無遠慮です。視線は顔へ。

上手な会話の広げ方

今上映しているホラー映画、絶対に観た方がいいよ
そうなんですね。それはどんな…
ホラーは本当は苦手なんだけど…

相手の話を「でも」と言ってすぐに否定せず、相手の考えに耳を傾ける。

ここのケーキ美味しいですね。甘いものはお好きですか？
ええ。○○というお店のスイーツも…

親しくない人とは共通の話題から。プライベートな話題を避ける。

【コラム】　積極的に使いたい

気遣いのひと言

人と良好な関係性を築ける人は、何気ないひと言で相手の気分を上げられる人。
日常会話で使える、3つの気遣いの言葉をマスターしましょう。

「以前○○とおっしゃっていたので……」

自分が話したことを、時間が経っても覚えていてもらえるとうれしいですよね。たとえば、「お酒が好き」と言っていた人には、別の機会においしいお酒を手土産として持参したり。また、いただいたプレゼントのお礼を後日改めて感想とともに伝えるのもワンランク上の気遣いです。

お土産のワイン、
おいしかったです。
さすがのセンス
ですね！

会話中に相手の名前を呼ぶ

多くの人は自分の名前に特別な思いや愛着を持っています。一度しか会っていないのに自分の名前を覚えてくれていたら、うれしくありませんか？　人の名前を大切にすることは、その人も大切にすること。会話中も相手の名前を呼ぶことで親しみや好感が生まれます。

山田さんは
どう思いますか？
山田さんは
お洒落だから…
山田さん、
先日はありがとう
ございました
山田さん、
今度の土曜…

クッション言葉を使う

思ったことやお願いしたいことをストレートに伝えると、強い言葉として受け取られてしまうことがあります。高圧的な印象を与えないためにも、適度に「クッション言葉」を使うようにしましょう。物腰柔らかに伝えることができます。

恐れ入りますが
失礼かとは存じますが
すみませんが
お気持ちは
ありがたいのですが
ご面倒を
おかけしますが
お手数を
おかけしますが
よろしければ
ワンクッション

【第2章】

言葉の使い方

伝えたい内容が同じでも、言い方ひとつで相手に与える印象は大きく変わります。円滑なコミュニケーションに必須の言い回しを身につければ、あなたの周りの人間関係がもっと豊かになるはず。

きれいなお作法

1 言葉選びのキホン

「ちょっとお待ちください」を「少しお待ちください」に変えるだけで丁寧さがぐんと上がりますよね。相手が聞いて心地よいかが言葉選びのキホンです。

若者言葉は卒業！

上品な服装やふるまいを心がけていても、「まじで」「超やばい」なんて言葉を使ってしまうと、上品さとはかけ離れた印象を与えてしまいます。言葉選びはあなたの内面を顕著に映し出すものです。ちょっとした言葉選びにも気を配れる、素敵な大人でいたいですよね。

言葉を選ぶうえで気をつけたいポイントは3つ。まず、若者言葉や「あっち」「ちょっと」といった「っ」が入る言葉など、丁寧さに欠ける表現は控えること。また、敬語は正しく使い、相手に失礼のないようにするのがマナーです。そして、否定的な表現や話題は避けること。左ページの具体例を参考に、自分が普段どんな言葉を使っているか、誤った敬語表現を使っていないかを振り返ってみましょう。

口に出す前に、立ち止まって

言葉は使っているうちに自分の口に馴染んでいくもの。無意識に多用してしまっている口癖がないか、その言葉が相手にどのような印象を与えているか、家族や親しい間柄の人に聞いてみるといいかもしれません。癖になっている若者言葉や間違った敬語表現をすぐに直すのは難しいものですが、言葉を発する前に一度振り返ることを心がければ、少しずつ変えていけるはずです。

そして、「言霊《ことだま》」という考え方もあるほど、言葉はいい意味でも悪い意味でも影響力を持ちます。あなた自身が、そして話を聞いてくれている相手が楽しく、前向きになれるような言葉選びをすることはコミュニケーションの上でとても重要な気配りといえるでしょう。

おさえたい言葉のいろいろ

つい口に出してしまう否定的な言葉。間違えたままの敬語表現……。
大人になるとなかなか指摘してもらえないからこそ、自分で振り返る習慣を。

○○さんのことは知っています
→○ 存じ上げております
そっちの資料をいただけますか
→○ そちら
何時ごろ来られますか
→○ お越しになりますか
ちょっと疲れたので休憩しませんか
→○ 少し

間違えやすい敬語表現

✕こちら、いただいてください
◎こちら、召し上がってください

✕○○さんはおられますか？
◎○○さんはいらっしゃいますか？

✕○○さんが申された通り
◎○○さんがおっしゃった通り

✕ご覧になられましたか？
◎ご覧になりましたか？

「っ」を使わない言い換え表現

あっち、こっち、そっち、どっち
➡あちら、こちら、そちら、どちら

○○って➡○○というのは

ちょっと➡少し、少々

やっぱり➡やはり

さっき➡先ほど

もっと➡さらに

いっぱい➡たくさん

避けたい表現

✕若者言葉・くだけた表現

「やばい」「まじ」「うざい」
「ムリ」「キモい」「超○○」
「ウケる」「ムカつく」「〜的な」

✕否定的な表現

「どうせ」「でも」「だって」
「○○なんか」「無駄」「ダメ」
「いや、……」

きれいなお作法

2 あいさつ

あいさつは、あなたのイメージに直結する大切な言葉です。キホン中のキホンだからこそ、しっかりとその役割や注意点をおさえておきましょう。

あいさつで自分も周囲も元気に

日頃のあいさつには、3つの重要な役割があります。

1つ目は、あなたの人となりを表現する役割です。きちんとしたあいさつをすれば「丁寧に仕事をする人」、明るいあいさつなら「周囲を楽しい気持ちにする人」のように、あいさつひとつであなたを印象付けることができるのです。

2つ目は、コミュニケーションの第一歩としての役割です。天気のことや相手のことなど、あいさつにひと言添えると、そこから会話が広がります。その際は笑顔と相手の目を見ることを忘れずに。作業しながらのあいさつも、心がこもっていない印象を与えるので厳禁です！

3つ目は、自分の心を元気づける役割です。姿勢を正して笑顔であいさつをすると、仕事や生活に向けてスイッチを切り替えることができます。あいさつは周囲の人だけでなく、自分自身も元気にする魔法の言葉なのです。

日々の習慣が信用につながる

さらに、あいさつを習慣化すれば、相手からの信用を少しずつ蓄積することもできます。たとえば、たまに顔を合わせるくらいの関係性でも、会うたびにあいさつを交わしていれば、困ったときに助けてもらえるかもしれません。あいさつには、「この人は信用できるから、何か力になってあげたい」と思わせるパワーがあるのです。

短時間で信用を得るためには、相手の名前を添えるのも効果的です。ただし、急に親しく名前を呼ばれることを不快に思う人もいるので、距離感を間違えないように。

信頼感を与えるあいさつのキホン

毎日使うからこそ、簡略化せずにきちんとしたあいさつを。
丁寧なあいさつは周囲から信用してもらう第一歩になります。

日常のあいさつ

○○さん、
おはようございます。
今日はいいお天気
ですね

ビジネスシーンで

お世話になって
おります。
今後ともよろしく
お願いいたします

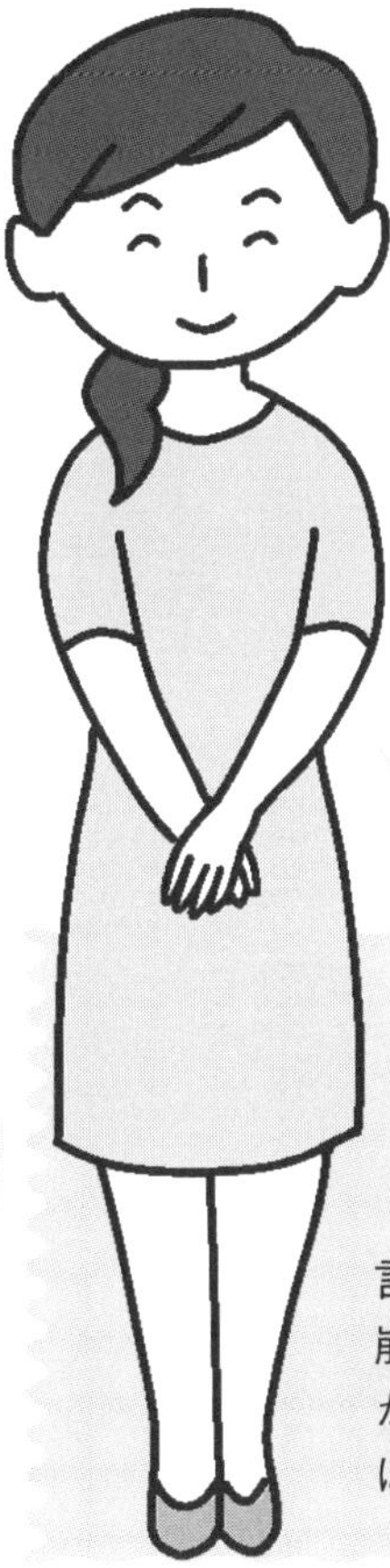

久しぶりに会うとき

ご無沙汰しております、
お変わりありませんね。
またお会いできて
光栄です

ワンポイント

**言葉だけでなく
姿勢にも意識を**

言葉づかいが立派でも、姿勢や表情が崩れていると言葉がまっすぐ届かないかも。姿勢を伸ばして両足は揃え、会釈は15度、おじぎは30度が目安です。

いつでも心がけたいあいさつのキホン

1 目を合わせる

相手の目を見て、誰に対しても自分から明るくあいさつを。

2 言葉→礼の順

あいさつとおじぎはタイミングをずらし、別々にすると好印象。

3 体を向ける

忙しくても「ながら」あいさつはNG。相手の方に体ごと向けて。

3 お礼の伝え方

素敵な大人ほど、感謝の気持ちをスマートに伝えるものです。わかりづらい表現は使わず、謙遜しすぎず、ストレートな「ありがとう」の言葉を。

常に感謝の気持ちを忘れない

「ありがとう」と素直に伝えるのは恥ずかしいと感じることもあるかもしれません。しかし、心のこもった感謝のメッセージほど、お互いを幸せにする言葉はないはずです。

身近な人や職場の人に限った話ではありません。飲食店を出るときや、コンビニのレジでお釣りをもらったときなどにも、「対価を支払ったのだからサービスを受けて当然だ」と考えることなく、自分のために何かをしてくれた相手に対して積極的に感謝を伝えるようにしましょう。

「すみません」はなるべく避ける

お礼や感謝を伝えるとき、つい使ってしまいがちなのが「すみません」です。しかし、できればこの表現は避けたいところ。「すみません」は、お礼を伝えるときにも、謝るときにも、単に呼びかけたりするときにも使える便利な言葉です。一方で、幅広い意味を持っているからこそ、相手に気持ちが伝わりづらいあいまいな表現でもあります。

自分を謙遜して感謝を伝える言葉は、相手にとって決して気分が悪いものではありませんが、必ずしもポジティブに受け入れられるものでもありません。

「ありがとう」という言葉にはポジティブな感謝の意味しかなく、相手に対して好意的であるという意思表示になります。また、それによって相手も自分に好印象を持ってくれます。なにより、申し訳なさそうにお礼されるよりも、満面の笑顔で「ありがとう」と伝えられた方が、気分がいいものです。

気持ちが届くお礼の伝え方

相手も自分も幸せな気持ちにする感謝の言葉。
「ありがとう」を使う場面を探せば毎日が楽しくなるかも。

日常のお礼

ありがとう
ございます
恐れ入ります

場合に応じて「あなたのおかげで助かった」という言葉もプラスすれば、より感謝が伝わります。

かしこまった場面のお礼

お心遣い
うれしく存じます
お褒めの言葉を
いただき、身に
余る光栄です

謙虚な言葉で感謝を伝えます。ただし、自分のことだとしてもネガティブすぎる表現はNGです。

Tips

日常のささいなシーンにも「ありがとう」

おおげさに言う必要はありませんが、さりげない感謝の言葉は相手にも響きます。

お会計のタイミングや品物を受け取ったとき。

ドアやエレベーターを開けて待ってもらったとき。

バスやタクシーを降りるとき、運転手さんに。

4 謝り方

大きな失敗をしてしまったときには、誠意のある謝罪ができるかどうかでその後の印象が大きく変わります。迅速かつ丁寧な謝罪を心がけましょう。

「スピード感」のある謝罪が重要

　感謝を伝える際と同様に、謝罪する際にも「すみません」を使用するのはやめましょう。謝罪は感謝するとき以上に誤解を避けなくてはならない場面です。「申し訳ございません」「ごめんなさい」など、ふさわしい言葉を正確に用いることが、相手への誠意を見せることにつながります。

　また、謝罪において最も大切なのが「スピード感」です。自分では謝るほどではないと判断しても、大きなトラブルに発展する可能性はゼロではありません。すぐにきちんと謝罪をして、わだかまりを取り除いておくと安心です。

どんな理由でも言い訳は厳禁！

　ビジネスシーンにおける謝罪は、先方を訪問して対面で行うことが一般的です。しかし、相手の都合を考えない「押しかけ訪問」は、かえって気分を害する恐れがあります。まずは電話でしっかりと謝り、時間を調整してもらうことができれば、菓子折りなどを持参し、直接出向いて改めて謝罪するようにしましょう。

　もう1つ重要なのは、決して最初に言い訳をしないことです。まずは素直に、「この度は不快な思いをさせてしまい、申し訳ございません」と、相手の気持ちに配慮した言葉をかけるのが誠意ある対応です。

　たとえ何か理由があったとしても、相手を不快にさせてしまった事実は変わりません。電車の遅延や体調不良など避けられなかった理由でも、相手に迷惑をかけた原因については、たずねられてから伝えるようにしましょう。

誠意が伝わる謝り方

ミスをしたときほど、焦って正常な判断ができないことも……。
まずは落ち着いて、丁寧に相手へのケアを行いましょう。

心からの
お詫びは
「最敬礼」
45度で！
45°
対面で謝る際は、
表情や姿勢でも
申し訳なさを
表現します。

日常で使えるフレーズ

申し訳
ございません

失礼
いたしました

よりかしこまったフレーズ

深く反省して
おります

私の不手際で
ご迷惑をおかけ
いたしました

◆状況に応じてプラスしよう

・この度は不快な思いをさせてしまい…
・改めて○○様のご都合の良い日時に
伺います

Tips

謝罪時に注意したいポイント

スピード感を意識するあまり焦ると、さらなるトラブルのもとになることも。
原因と改善策について、冷静に相手と話し合う意識で対応しましょう。

〇〇分の遅
電車の
遅延
体調不良
言い訳は
ぐっと
こらえよう

どんな理由でも自分から
言い訳をしない。

電話で迅速に謝罪し、直接
伺う日程を調整する。

フム

改善策を提示し、相手に納
得してもらう努力を。

5 頼み方

きれいなお作法

相手に気を遣って、頼みごとをするのが苦手だという人も多いはず。お願いごとを快く引き受けてもらうための工夫を知り、「頼み上手」になりましょう。

「疑問形」の依頼は成功率アップ

人に何かを依頼する際には、疑問形を意識するようにしましょう。「○○をしてください」と伝えるよりも「○○をしていただけませんか？」と尋ねることで、相手はその場で返答しなくてはならないという心理になり、引き受けてもらえる可能性が高まると言われています。

また、依頼の目的や期日など、必要な情報を伝えることで、具体的に検討してもらいやすくなります。「なぜその人でなくてはならないのか」という理由を添えれば相手も悪い気はせず、成功率がグッと上がります。

忘れてはいけないのが、依頼に応えてもらったあとの感謝です。なるべく早くお礼を伝えることはもちろん、「相手のおかげでうまくいった」という前向きな表現を足せば、今後も協力しあえる良い関係を築くことができるでしょう。

気が引ける返却の依頼は遠回しに

なかでも特に難しいのが、相手に貸した本やお金を返してもらう際の頼み方です。そんなシーンにおすすめなのが、「そういえば催促」です。何気ない会話のなかで、「そういえば、あれはどうなりましたか？」と今思い出したかのように切り出すことで、自然に返却を促すことができます。

ほかにも、「お貸ししていたのはおいくらでしたっけ？」など、相手自身に詳細を思い出してもらえるようにあえて遠回しに質問してみましょう。ささいなことであっても、貸し借りはできるだけ早めに清算してしまうのが、気持ちのいいお付き合いを続けていくうえでの絶対条件です。

困ったときの頼み方

依頼を受けるかどうかの主導権を握っているのはあくまで相手です。
たとえ友人や後輩でも、謙虚な気持ちを忘れないようにしましょう。

日常の頼み方

どうしても自分では
都合がつかず、
○○さんにご協力
いただくことは
できますか？

相手の予定を配慮して、「もしお時間がありましたら」などの言葉をプラスしましょう。

かしこまった場面での頼み方

経験豊富な
○○さんにお力添えを
お願いしたく、
お声がけさせて
いただきました

協力してもらった後は、「引き続きご指導のほどよろしくお願いします」と伝え、今後につなげましょう。

依頼時に心がけたい４つのこと

○○のために
△△が
必要で…

1 依頼の内容や目的はできるだけ具体的に伝えて理解を得る。

○月

2 期日をあらかじめ提示しておくことは必須。忘れずに。

○○さん
だからこそ…!

3 「その人だからこそ」依頼したい思いを添えられればベター。

そういえば!

4 言い出しにくい依頼は「そういえば」と軽く伝える手も有効。

きれいなお作法

6 断る①～仕事や食事の誘い

仕事の依頼やセールストーク、食事のお誘いなど、気乗りしないときや忙しいときには、あいまいな返答をせずにきっぱりとお断りするのもマナーです。

代案を提示してきっぱりと断ろう

依頼やお誘いを断る際に一番重要なのは、返答を先延ばしにしないことです。はじめから期待に応えられないのがわかっているのであれば、なるべく早い段階で断るようにしましょう。締め切り直前になって断ってしまうと、相手に多大な迷惑をかけてしまうこともあります。また、断る際は明確な理由を添えることで、相手に迷惑をかけたくないからこそ断るのだという気持ちが伝わります。

本当は快諾したいにもかかわらず、どうしても都合がつかない場合は、代案を提示するようにしましょう。「別日であれば参加できますが……」などの言葉をお詫びのあとに付け足せば、断わられたという印象を薄めることができ、関係が悪化するリスクを減らすことができます。

クッション言葉の気配りも忘れずに

気乗りしないお誘いやセールストークは、たとえ相手が善意でしてくれていることであっても、不要であれば無理をせずに断りましょう。相手の気持ちを考えると少し心苦しいかもしれませんが、貴重な時間を浪費するよりも、きっぱりと断わることがお互いのためになります。まず、相手のお心遣いに感謝したうえで、理由を告げて断れば、きっと納得してもらえるはずです。

断る際には、「せっかくですが……」「お話はわかりましたが……」といったクッション言葉を添えることも大切な気配りです。たとえ不要なお誘いであっても、「いりません！」のような強い言葉で一方的に拒否しないようにしましょう。

関係性を壊さない断り方

断り方を間違えれば、相手との関係性が壊れてしまうことも……。
どんな場合でも、なるべくスマートな断り方を心がけましょう。

都合がつかずに断るとき

申し訳ございませんが、別の予定がありまして。ほかの日程でしたら調整いたします

「本当は期待に応えたい」という気持ちを示すことで、相手も納得しやすくなります。次の機会がありそうなら、自分から別日の提案をしてもいいでしょう。

相手の善意を断るとき

お気持ちはありがたいのですが、今回はご遠慮させていただきます

良かれと思っての提案は「気持ちだけ受け取る」姿勢を明確に示しましょう。家庭内や社内のルールを盾にするのも角が立ちません。

断り方のポイント

断りづらくても、きっぱりお断りすることが相手のためになることもあります。

返事を保留すると、かえって迷惑になることも。相手の予定に配慮し、早めのお断りを。

せっかくですが…

期待に応えられないことへのお詫びを述べ、理由についても簡潔にきちんと伝える。

断固拒否！

どんな相手に対しても、強い言葉で拒否するのは避ける。クッション言葉も忘れずに。

7 断る②～お金の貸し借り

金銭の貸し借りはしないことがキホンですが、やむをえない場合もあります。思わぬトラブルを避けるためにも、お金にまつわるお作法を知っておきましょう。

お金の貸し借りは最終手段

家族や友人など、どんなに親しい間柄であっても、金銭が絡むと人間関係が悪化することはあります。お金の貸し借りは最終手段であるということを強く認識し、たとえ数百円であっても、「このくらいならいつでもいいか」と考えず、準備が整い次第すぐにお返しするのが鉄則です。

また、親しい相手からお金を貸してほしいと頼まれた際は、「関係性を大切にしているからこそ貸せない」と伝えたうえで、それ以外で手伝えることがあれば力になってあげましょう。直接的な金銭のやりとりではありませんが、身内の方に保証人になってもらうことも、金銭トラブルに発展しやすいケースです。最悪の場合にどういった責任が発生するのかをきちんと説明するようにしましょう。

飲食の割り勘もスマートに

日常のなかでお金の貸し借りが発生しやすいのが、飲み会や食事会などのお会計時です。なるべく事前に小銭を用意しておき、割り勘の際はスマートに支払えるようにしておきましょう。

一時的に誰かが代表して支払い、後ほど全員から回収する場面もよくあります。その際も、次に会ったタイミングではなく、その場でお返しすることが大切です。最近では電子マネーを利用する手段もあります。小銭の持ち合わせがないときは、1円単位でやりとりできる電子マネーで送金すれば、簡単に決済を終えることができます。

ただし、「現金派」の人には負担に感じることもあるので、お互い合意した上で利用するようにしましょう。

トラブルを避けるお金の貸し借り

金銭トラブルが原因で、友人や家族と疎遠になるのはさびしいですよね。
貸し借りはなるべく避け、やむをえない場合も適切な対応を。

少しの金額なので、
今度お会いするときの
お返しで大丈夫ですよ
ATM
いえいえ、そこの
ATMで引き出して
すぐにお返しします

POINT 少額でも、その場できちんと返済を！

お金の貸し借りのポイント

お金の貸し借りはすぐに解消することと同じくらい、発生させないのが大切です。

少額でもお金の貸し借りは基本的に拒否。関係を大切にしたい旨を伝える。

割り勘が予想される場合は、事前に小銭を準備しておくとスマートです。

電子マネー決済を利用することも有効。後日に持ち越さないように！

ワンポイント 「保証人」には要注意！

借金の連帯保証人になるのは、友人間であれば基本的に避けるべきです。頼まれたらきっぱり断りを。賃貸契約の保証人を親族などに頼む場合は、金銭の貸し借りの一種であるということを自分がまず認識し、相手にきちんと説明して同意を得ましょう。

8 褒める①～上司の褒め方

褒めたつもりが相手を怒らせてしまったことはありませんか？　特に注意が必要な上司への褒め方のコツをご紹介。人に愛される褒め上手を目指しましょう。

いいところを具体的に伝える

相手のいいところによく気づき、素直に褒めることができる人はそれだけでとても魅力的です。ほとんどの相手は褒められて嫌な気持ちはしませんから、恥ずかしがらず積極的に褒めましょう。

気配りの行き届いたワンランク上の褒め方をするなら、ポイントは「具体的な表現を使うこと」です。いつも形式的に褒めていては、単なるお世辞のように聞こえてしまう可能性もあります。きちんと気持ちを伝えるためにも「その髪型素敵ですね」より、「○○さんはショートカットがよくお似合いですね、素敵です」など、どこが魅力的かを詳しく伝えることが効果的です。自分のことをよく見てくれていると感じられ、褒め言葉を素直に受け取ることができるでしょう。

上から目線にならないように

基本的なことですが、特に上司や目上の人に対して褒める際は「上から目線」にならないように注意が必要です。部下が上司を評価する態度は失礼に受け取られるため、十分気をつけて謙虚な姿勢で褒めましょう。

コツは、人と比較するのではなくその人の尊敬できる部分やすごいと思ったところを褒めること。具体的な褒め言葉の事例を左ページで確認してみましょう。

失礼のない褒め方のキホン

失礼のないように上司を褒めるのはなかなかの高難度。
相手の立場を尊重しながら褒めるコツをおさえましょう。

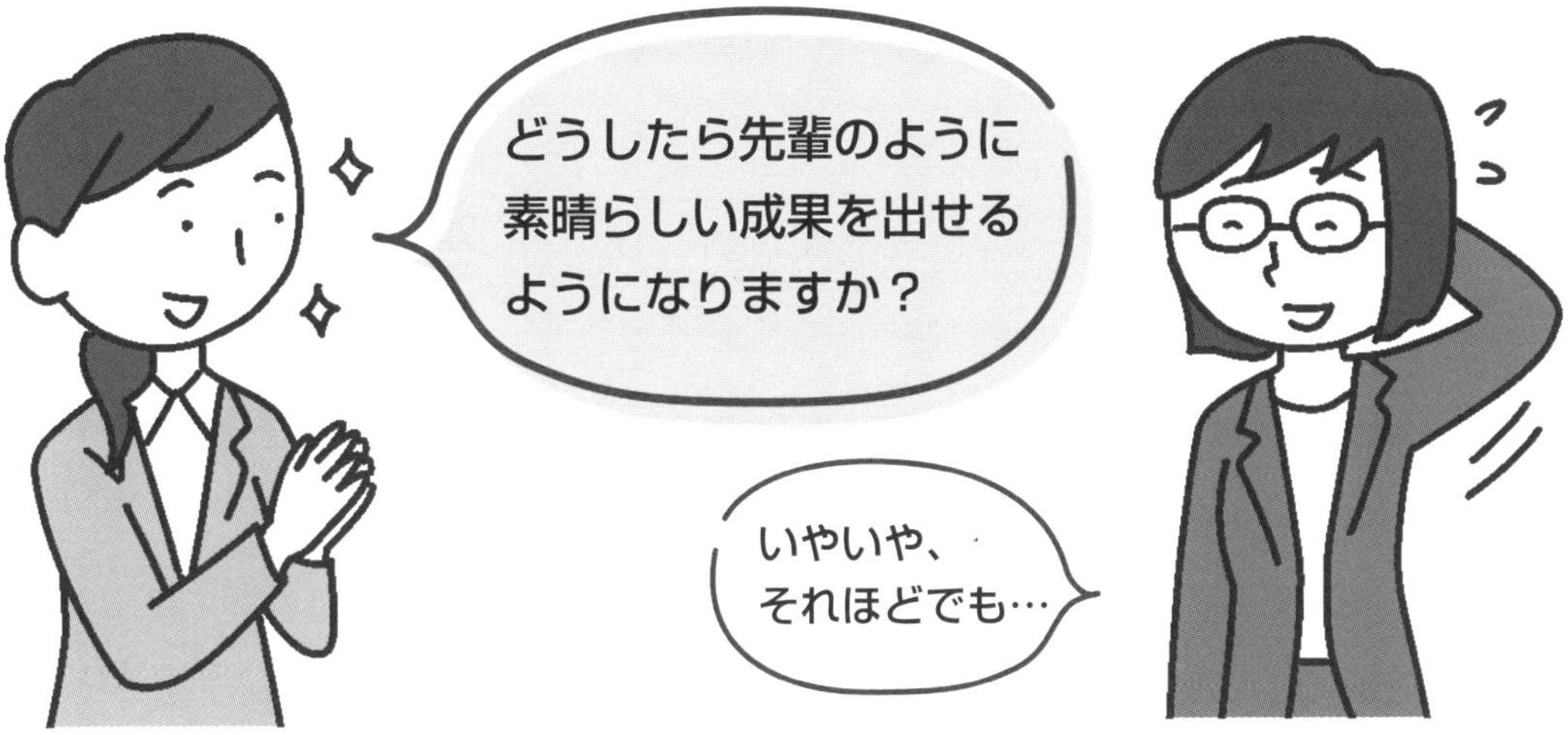
どうしたら先輩のように
素晴らしい成果を出せる
ようになりますか？
いやいや、
それほどでも…

POINT 上司への質問を交えつつ、婉曲的に褒めると謙虚な姿勢が伝わります

[上司に使える褒めフレーズ]

○○さんの器が大きい
ところを尊敬しています

さすがです。
私では敵いません

アドバイスを
ありがとうございます。
大変勉強になります

上司に対しては仕事の面で見習いたい点を素直に伝えるといいですね。

具体的に褒めるコツ

センスを褒める

アイテムだけを褒めるのではなく、「お似合いです」など、その人自身のことやセンスを褒めるひと言を。

スキルを褒める

「聞き上手」「懐が深い」「プレゼン力が素晴らしい」など、その人の特長を捉えて褒めましょう。

9 褒める②〜自虐ネタへ対応

「私なんて」と自虐ネタを言う上司や友人に対し、どのように答えるのが正解？ 場の空気を良好に保つ「感じのいい」答え方をお教えします。

ネガティブ→ポジティブに変換

「最近、老けちゃって」「私って理屈っぽいから……」と、自分のことを自虐的に話す人がいます。こうした話題を振られたとき、返事に困ってしまったという人は少なくないはず。とりあえず「いやいや」と苦笑いしてみるも、どこかわざとらしくなってしまい気まずい空気が流れた……なんてことも起こりがちです。

このように自身を否定的に表現する人に対しては、積極的にいいところを見つけて褒めてあげましょう。「そんなことないですよ。○○さんは品があって憧れます」「○○さんの論理的な思考力を頼りにしています！」といったふうに、相手を傷つけることなくネガティブ→ポジティブな話題に変えることができます。

こうした咄嗟の対応ができるようになるためには、普段から人のいいところを見つけようとする心の余裕を持つことが大切。また、どんな相手の性格や能力もポジティブに捉え、尊重できる人でいたいものです。

褒められたときの返し方

自分が褒められたとき、反射的に「そんなことないです」と謙遜していませんか？ 評価してくれた相手の気持ちに応えるためにも、素直に「ありがとうございます」と受け入れることができたら素敵ですよね。

また、目上の人から褒められた場合は「○○さんのような方に褒められて光栄です」など、感謝の気持ちに敬意を表すひと言を添えて。

語彙力アップで褒め上手に

どんな人にも褒められるべきいいところは必ずあります。
それを表現する語彙力を身につけ、褒め上手になりましょう。

私っておしゃべりだから、
いつも話が長くて
ごめんなさいね
いえ、○○さんは
話し上手ですから、
話し下手な私は
助かっています

POINT まずは自虐ネタを否定してあげて、ポジティブな話題に変える

ワンポイント ネガティブ→ポジティブ変換の手引き

細かい→よく気がつく　強引→周囲を引っ張ってくれる　八方美人→社交的
自己主張が強い→自分の考えを持っている　理解しにくい→個性的、独創的
騒がしい→場を盛り上げてくれる　優柔不断→慎重に判断ができる

褒められ上手な人の返し方

●友人に褒められた

あなたは
写真を撮るのが
本当に上手ね
ありがとう！
うれしいわ

素直に感謝を伝えましょう。

●上司に褒められた

君はリーダー
シップがあって
素晴らしいね
課長にそう
おっしゃって
いただけると
励みになります

感謝＋敬意を込めた言葉で返しましょう。

10 注意する

きれいなお作法

間違いを指摘するのは、特に気遣いが必要とされる場面です。伝える内容がネガティブだからこそ、相手の心証を悪くしない伝え方を身につけましょう。

柔らかい表現を心がける

人は間違いを犯してしまうもの。だからこそ人に注意したり誤りを指摘したりする際は、寛容な態度で相手の気持ちを思いやった言い回しができると素敵ですよね。

たとえば、「私もよく間違えてしまうのですが……」など、ワンクッションを入れると相手も話を聞き入れる準備ができます。「○○するべき」「○○はよくない」ではなく、「私だったら○○する」のように、ストレートな表現を避けて柔らかく伝えます。

雰囲気を悪くしない注意の仕方

仕事の場面で部下に注意するときは、「あとよし言葉」を使うとモチベーションを損なわずに課題点を伝えることができます。あとよし言葉とは、「細かいミスはあるけど、期限内に終えられたね」のように、先にネガティブな情報を、最後にポジティブな情報を言うことで与える印象をよくする会話法です。また、誤りを指摘したり、叱ったりする場面では他の人の耳に入らないよう、場所や声のトーンを調節する配慮も欠かせません。

街中では、危険な遊びやいたずらをしている子どもを注意する場面もあるでしょう。もしその子の保護者と知り合いであれば、後日でもいいので、注意したことを報告すると安心です。「お子さんが落ち込んでいるようなら、フォローしてあげてください」と気遣いのひと言を。

注意の気配り

ストレートに注意しては相手を萎縮させ、反感を買ってしまう可能性も。
素直に聞き入れてもらうための気配りをマスターしましょう。

日常生活での注意

私もよく間違えてしまうのですが……

相手に悪気がないときなど、やんわり間違いを指摘したいときに使えるフレーズ。「説明がわかりにくいですよね」など、失敗への共感とともに指摘しましょう。

ビジネスシーンでの注意

最近遅刻が多いけれど、何かあった？○○さんらしくないですよ

部下を注意する場合は、事実に基づいて問題点を冷静に指摘します。感情的になったり人格を否定したりするのはNGです。

間接的に伝えるテクニック

知人同士のトラブルに対しては、「Aさんが Bさんに○○してもらえると助かると話していましたよ」などと、自分が間に入りやんわり伝えると角が立ちません。

ワンポイント

柔らかく伝えるクッション言葉

注意の前にクッション言葉を入れることで、柔らかく伝えることができます。

- **「私の思い過ごしかもしれませんが…」**
- **「申し上げにくいのですが…」**
- **「大変失礼ですが…」**

【注意のお作法】人目につかない場所で

相手が誰であろうと、人前で注意するのはNG。問題を指摘する際は、先に課題点を示し最後にいいところも伝えます。注意するだけでなく、「以前のミスが減ったね」などその後のフォローも忘れずに。

11 ごちそうする・される

お店での楽しい食事の後に訪れる、会計の時間。ごちそうしたり、されたりするときは互いに気持ちよく金銭のやり取りができるひと言があると素敵です。

受け取るのは、一度遠慮してから

食事に行く相手との関係性にもよりますが、特に目上の方の場合は、最初から相手が支払うつもりでいることもあります。自分が化粧室に行っている間に会計を済まされていた場合は、「おいくらでしたか？」と支払いの意思があることを伝え、相手が「ごちそうするよ」と言ってきたら、素直に感謝の言葉を伝えます。会計の場面では相手が支払っている様子が見えない場所で待つのがマナー。

後日会う場合は直接、会えない場合は帰宅後にメールで改めてお礼を伝えると丁寧です。

奢られてばかりはだめ？

奢られる側も、いつも奢ろうとしてくれる方にはなにかお礼ができるといいですよね。よく一緒に食事をする仲なら、「次のお店では私にごちそうさせてください」などの気配りを。相手が目上の方なら、ちょっとした贈り物をするなどして日頃の感謝を伝えると喜ばれるでしょう。

自分がごちそうする場合は、「おいくらでしたか？」と聞かれても濁して答えないのがスマートです。

会計時はお店への気遣いも

複数人で食事をして割り勘で支払う際に、ついテーブルやレジ前でお金を出し合ったりしていませんか？　こうした場面では代表のひとりがまとめて支払い、お金のやり取りはお店を出てからにしましょう。

スマートなごちそうのお作法

友人や会社の上司・部下と食事に行く際、気を遣うのが会計の場面。
奢る側も、奢られる側も気持ちのいいお作法はこちら。

相談にのってくれて
ありがとう。今日は
私がごちそうするよ
じゃあお言葉に甘えて。
とても美味しかったわ。
次回は私にごちそう
させてね

POINT 対等な関係なら、ごちそうする側は相手が気を遣わずにすむひと言を。
ごちそうされる側は感謝と「次は私が」という姿勢を見せるとGOOD！

ごちそうする・されるときのポイント

いえ、払います
いや、でも
いやいや…

奢られることに対し、何度も「払います」と遠慮するのも考えもの。相手の面目を潰さないことも大事です。

じー

相手が支払いをしている間、手元を見るのはマナー違反。サッと外に出るか、見えない場所で待ちましょう。

気にしないで

ごちそうするときは自分が伝票を受け取ります。金額を聞かれても「外で待っていて」などの言葉が出るとスマートです。

きれいなお作法

12 悪口や噂話

仲間内での悪口や噂話はトラブルのもと。自分がしないのはもちろん、もしそういう場面に居合わせてしまっても同調しないことが大切です。

愚痴はぐっと堪えて

人付き合いをしていると、たまに遭遇してしまうのが人の悪口や噂話の場面。他人に対する不平不満というのは少なからず誰もが持っているものですが、口に出しそうになるのをぐっと堪えましょう。悪口や噂話をして相手を不快な思いにさせるのは、気遣いとは正反対の行いです。

　また、普段からそういった話題を口にしてしまうと、周囲の人に「自分も陰で悪口を言われているかもしれない」と思われ、信用を失ってしまいます。自分に自信がある人ほど、悪口を言って他人を見下すことはしないものです。

　人間関係でどうしても吐き出したいことがあるなら、その人の共通の知り合いではなく、まったく関わりのない友人や家族などにたまに聞いてもらうようにしましょう。

誰かが話題にしたら……

もし会話の途中で誰かが悪口や噂話を始めたら、その話題にはのらないのが正解です。話を振られてしまった際は否定も肯定もせず、「そうですか？」などと返事をしてかわしましょう。同調しているととられるような返事もＮＧ。そんなつもりはなかったとしても、悪口を言ったひとりにされてしまう可能性があります。

　悪口や噂話にはのらないことをきちんと態度で示し、「そういえば……」と話題をすり替えるようにします。もし、そういった話題を頻繁に口にする友人がいるなら、距離をとるのが得策でしょう。

悪口や噂話への対処法

同調してくれる人に対しては、つい悪口や噂話をしてしまう人もいます。
自分はそのような話にはのらないことを、毅然とした態度で示しましょう。

聞いてくださいよ。
○○さんがこんな
ことを言って……
そうなんですか？
あ、そろそろ休憩が
終わる時間ですね～

POINT 相手がどんな悪口や噂話を始めても、否定も肯定もしないのが正解。目線を外して「悪口にはのりません」という態度を示します。

悪口や噂話の場面でとるべき行動

1 立ち去る

悪口や噂話を言う人からは距離をとりましょう。「この後用事がある」「仕事が残っている」などと言って立ち去ります。

2 話題を変える

そうですか？
スル～

話題を変え、話にのらないという態度を示し、「この人はこの手の話は聞いてくれない。話しても無駄だ」と思わせましょう。

3 口外しない

Aさんって
OOらしいよ
いや、△△
だって…
今は××
みたいよ

悪口や噂というのは事実と異なる形で伝わり、広まってしまうもの。自分もうっかり話してしまわないように気をつけましょう。

【コラム】　まだまだある！

品のある言葉選び

ここでは、本編で伝えきれなかった言葉選びのポイントをさらにご紹介。
言葉は意識すればすぐ変えられるもの。ぜひ今日から活用してみてくださいね。

家族のことはどう呼ぶ？

「主人」「旦那」「亭主」という言い方は身内を立てる意味合いがあります。改まった場では「夫」と呼ぶのがふさわしいでしょう。また、「奥さん」ではなく「妻」、子どもは名前呼びではなく「娘」「息子」、「お父さん」「お母さん」は「父」「母」と呼びます。

「息子・長男」
「娘・長女」
「夫・パートナー」
「父」
「母」
「私」

「お」をつける言葉

たとえば「お化粧」など、言葉を上品にする「お○○」という言い方は、使いすぎると不自然な印象に。かといって、つけないと乱暴な印象を与えてしまうものもあります。ここでは、日常的に「お」をつけたい代表的なものをご紹介。

さとし
お風呂
お料理
お米
お皿
お箸
お酒
お金
お名前

「大和言葉」を使ってみる

大和言葉への言い換え

お会いする→お目にかかる
ご住所→お住まい　ご協力→お力添え
意外に→思いのほか　大体→おおむね
失礼する→お暇する
楽しみにする→心待ちにする
お暇なときに→お手すきのときに

漢語や外来語に対し、日本固有の言葉を「大和言葉」と言います。大和言葉は柔らかい響きのものが多く、丁寧な印象を与えます。左のリストを参考に、何気なく使っている言葉を大和言葉に言い換えてみましょう。

【第3章】

身だしなみのお作法

「あの人いつも綺麗だな」と感じる人はどんな人でしょうか？　自分自身のケア、そして身の回りの物の手入れがきちんとできているだけで、相手に与える印象が格段に良くなりますよ。

1 服装

普段、服を選ぶときどんなことを意識しますか？　大切なのは時や場面に合わせることです。その上で自分の好きなファッションを楽しみましょう。

清潔感は自分でつくる

真っ先に目に入り、大きく印象に残る服装。ふるまいや言葉遣いと同様に、周囲への気遣いを表現する大切な要素です。服を選ぶときは清潔感のあるコーディネイトを心がけましょう。身だしなみを整えている人は日頃から物事の準備を丁寧に行う印象をもたらします。それはやがて信頼につながり、心地よい人間関係をつくる上でも役に立つのです。

たとえば、シワ、シミ、毛玉がないかをチェックしたり、季節感のある色や服を選んだり、簡単なお出かけでも手抜きのない格好を意識したり。少しの心がけであなたのイメージがガラリと変わります。

また、肘や膝などの普段は隠れている箇所が露出するような服を着る際は、肌のお手入れも忘れずに行いましょう。

心遣いの先でお洒落を楽しむ

自分の好きな服をまとって個性を表現するのもいいことですが、さらにTPOに応じた対応ができるといいですね。目上の方の自宅へ伺うときは露出の少ない清楚な服装を、高級レストランではスマートカジュアルを意識してジャケットを1枚持っていきましょう。迷ったときはあらかじめお店や会場に問い合わせをするのも手です。

結婚式では花嫁の色とされる白や、殺生を連想させる毛皮や豹柄は避け、黒のストッキングも控えましょう。葬儀に参列するときはメイクや髪型を控えめに、アクセサリーも一連のパールのみにし、結婚指輪以外は外します。

型にはまるのではなく、その場でお会いする方への思いやりを服装にこめながら、着る服を選びましょう。

服選びで意識すること

第一印象にも影響する服装。
独りよがりにならない秘訣をきちんとおさえましょう。

その服装はTPOに適している？

ジャージは楽ですが、どこにでも着ていくのはNG。

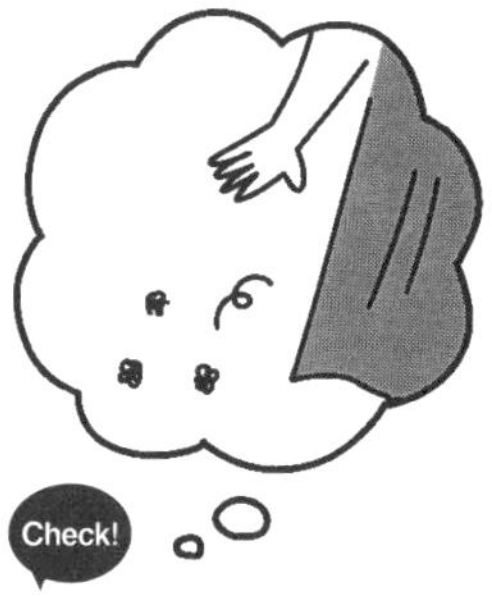

服に毛玉やシミ、ほつれはない？

よく着る服、シーズン初めに着る服は特に要注意。

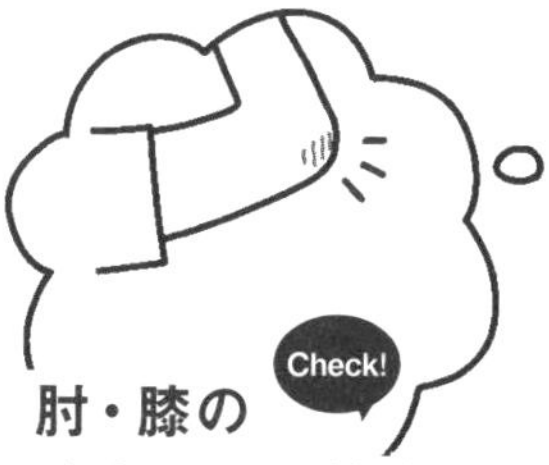

肘・膝のくすみに要注意

肌が見えるときは丁寧なお手入れを。

TPOに合わせた服装

お葬式

ネイルを落とせないときは黒手袋を着用。

結婚式・パーティー

昼間の露出は肩を出す程度にとどめて。

高級レストラン

ジャケットを1枚持っておくと◎。

自宅訪問

きれいめ、かつ動きにくくない格好を。

2 靴

服装と同様に足元も見られることが多い部分。つい気を抜きがちな靴選びも、少し意識をするだけであなたの雰囲気を変えてくれます。

足元への気遣いも忘れずに

かしこまった場所へ行くとき、何を履いていこうか悩んだことはありませんか？　そんなときはパンプスを選ぶのが正解です。フォーマルな場ではつま先を見せないのがキホンのマナー。つま先とかかとの両方が隠れたパンプスは格式高い装いになります。

事前に靴を脱ぐことが分かっているときは、ブーツを避けるのが無難です。脱ぎ履きが難しく、一緒にいる人を待たせてしまう可能性があります。脱ぎやすい靴を選んで、相手への気遣いができるといいですね。また、インソールや靴の後ろ側の汚れは他人に気づかれやすい箇所です。いつ脱いでも平気なようにインソールの汚れはこまめにチェックし、かかと部分もきちんとお手入れしましょう。

時と場に合わせて靴を選ぶ

服と同様に、靴もＴＰＯに応じて選ぶことが大切です。誰かの家を訪問するときは先述のパンプスがベター。さらに、脚をより美しく見せるなら８ｃｍ以上のヒールがおすすめです。汚れた素足のまま訪問先に上がることのないようにストッキングを履くのも忘れないようにしましょう。

結婚式ではサンダルのようなカジュアルすぎるものを控え、ストッキングの色は黒よりもナチュラル色を。葬儀の場では手持ちのバッグと共布の靴を選ぶとよりいいですが、光沢のない黒いものなら大丈夫。殺生をイメージさせる革製のものやラメが入った光りものは避けましょう。

ファッショナブルな場なのか、厳かな場なのかを判断して靴を選ぶことが大事です。

万能パンプスとお手入れの方法

靴を選ぶときもTPOは大切です。つま先まで意識を行き届かせて、
一緒にいる人と気持ちよく過ごせるようにしましょう。

フォーマルな場での靴選び

ブーツ

ブーツはカジュアルスタイル。また、自宅訪問では、脱ぎづらいブーツは避けるのがベターです。

パンプス

安定するヒールの高さは3～5cmほど。慣れないうちは、きれいに見せることより安定性を選んで。

サンダル

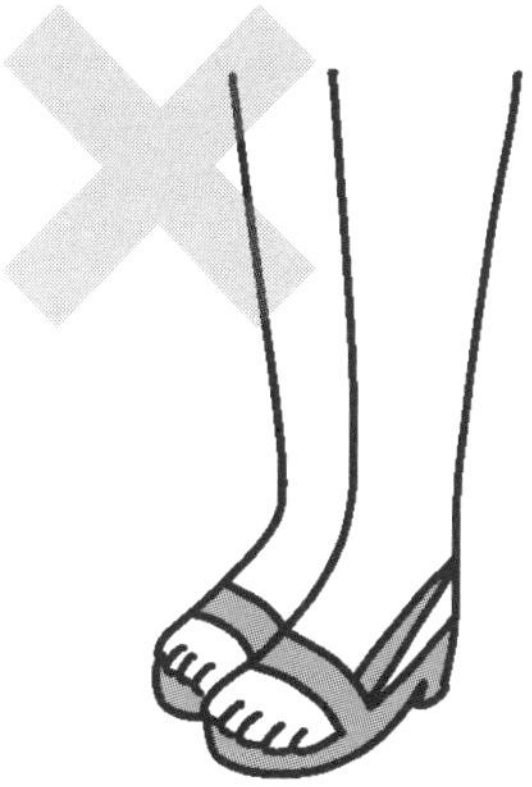

サンダルやミュールのようなつま先やかかとが見えるものは、フォーマルな場ではNG。

パンプスのお手入れ

- 履く前に防水スプレーで汚れを防止！
- 革物はブラッシングで埃や汚れを落とす
- 頑固な汚れにはクリーナーを使う

こんなときのために…

パンプス用靴下を鞄に入れておく！

素足で出かけるときは、突然の誘いのためにもパンプス用などのかさばらない靴下を持ち歩くのがおすすめです。

3 手荷物

きれいなお作法

いつも持ち歩いているバッグ。その中身、整理もせずにずっと同じままではありませんか？　雰囲気のいいあの人は定期的に荷物も整えているようです。

整理整頓をして大事に扱う

バッグは外見だけでなく、中身も美しくありたいもの。パンパンになったバッグは見た目も格好悪く、使うときも不便です。日頃からの整理整頓を心がけましょう。

モノはカテゴリーごとにポーチで分け、ポーチを持ち歩きたくない場合はバッグインバッグを使うと中身がスッキリします。また、整理していても開けっ放しにしたり、バッグに汚れや傷があったりすると雑な印象につながります。ファスナーがない場合はハンカチやスカーフで中身を隠すと上品です。また、バッグは身体から離さず前方に構えて持つことで周囲にぶつからず、傷がつきません。

〝何を持っているか〟にもその人の性格があらわれます。ハンカチは毎日取り替え、清潔なものを。ポケットティッシュも必ず持っておきたいものです。

小さなバッグが活躍！

仕事終わり、急な誘いでレストランに行くことになったあなた。でも、手元にはお出かけ用ではない、仕事用の大きなバッグしかなくて困った……なんてことはありませんか？　それではレストランの雰囲気を乱し、周囲の人の気分を下げてしまうかもしれません。

そんなときのために、普段から会社のロッカーや仕事用バッグに小さなクラッチバッグをしのばせておきましょう。大きな荷物はクロークに預け、財布とハンカチ、リップなどの必要最低限のものだけクラッチバッグに入れます。小物類も小さいサイズのものを用意しておくと安心ですね。

外も中もきれいな手荷物

楽しみにしていた用事でも、急なスケジュールでも、
手荷物はコンパクトに、サッと持ち出せると素敵です。

バッグのきれいな持ち方

ショルダーバッグ

持ち手は握らず、手を添えます。大きめのバッグは肩に前下がりでかけるときれいに見えます。

ハンドバッグ

肘から先を身体の前に持ってきます。順手を使って構えましょう。

ハンドバッグの中身

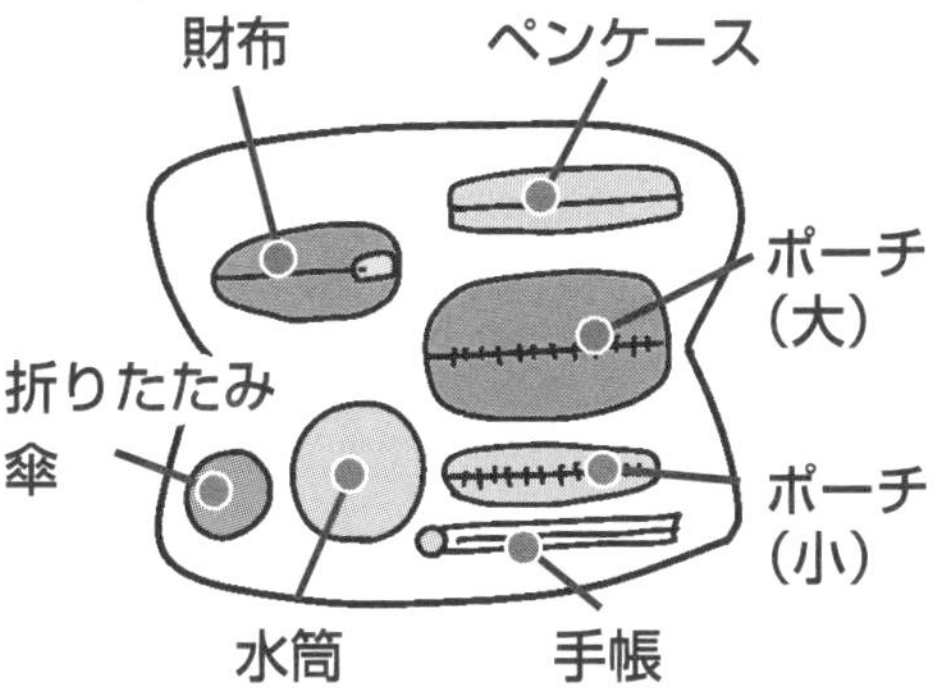

財布などの必需品のほか、折りたたみ傘や絆創膏、替えのストッキングなど、急なトラブルにも対応できる持ち物があるといいですね。

【手荷物のお作法】

急なお誘いがあったら？

仕事帰りや買い物帰りのお食事に誘われたら、手荷物は必要最低限のものだけにします。懐紙やポチ袋はあるとベター。ショップなどの紙袋は多用しないように！

きれいなお作法

4 ヘアケア・メイク

美しい髪と肌は1日にしてならず。だからこそきれいな人には「きちんと感」があります。髪型やメイクも清潔感を左右する大事な要素です。

自己管理能力が問われる髪と肌

ふるまいと異なり、思い立ってもすぐに変えられないのが髪や肌。毎日の睡眠や食事、ケアがあらわれるポイントであり、その人が普段どのような生活を送っているのかが見えてしまいます。そのため、肌荒れが目立っていたり、髪がボサボサとしてまとまりがなかったりすると体調管理や時間管理ができない人だと思われてしまう可能性が。特に仕事の場面においては信頼を失ってしまいかねません。

清潔感のあるきれいな肌や髪をつくるのは日々のひと手間。肌はしっかり保湿すること、髪はブラッシングで頭皮の血行をよくすることなどが効果的です。

また、セルフケアで肌荒れがなかなか改善しない場合は、皮膚科で適切な治療を受けることも検討しましょう。

清潔感がカギ

髪型やメイクにおいても、大事なのは清潔感です。基本的なことですが、寝癖がないか、ふけや抜け毛がないかを毎日鏡の前で確認するようにしましょう。ロングヘアーの場合は髪を束ねるとすっきりと明るい印象になります。メイクは濃すぎると高圧的に見られてしまうことがあります。チークには表情が明るく見えるピンクやオレンジ系を使ったり、口紅は肌に馴染む色を使ったりするなどナチュラルなメイクがおすすめです。

特別な日にはリップやシャドウの色を変えるなどして楽しむのもいいでしょう。ただし、レストランではグラスに口紅がつかないよう落ちにくい口紅を選んだり、ティッシュで抑えて落ちにくくしたりするなどの工夫を。

美肌・美髪で印象アップ

元々の顔の造形ではなく、日頃の手入れが行き届いた肌や髪にこそ
その人の内面があらわれるものです。

肌のお手入れ

化粧水や乳液で毎日しっかり保湿しましょう。美肌は日々の積み重ねから！

髪のお手入れ

朝と夜のシャワー前にブラッシング。頭皮の血行をよくすることで艶のある髪に。

肌のワンポイント

メイクブラシはこまめに洗浄

毎日使う化粧品のチップやブラシ、最後に洗ったのはいつでしょうか？化粧品や皮脂汚れが残るブラシで肌に触れると肌荒れの原因に。こまめに洗いましょう。

髪のワンポイント

頭皮ほぐし

シャンプーの際に指でしっかり頭皮をほぐせば、血行がよくなり顔全体のたるみ改善にも。

Tips

プラスαで、より華やかに！

1つ結びのひと手間

髪をゆるく巻いてから1つに結び、トップの毛を少し引き出すと立体的でこなれ感のあるスタイルに。

清潔感のあるメイク

出勤時は顔が明るく見えるナチュラルメイクを。色選びに迷うならパーソナルカラー診断を活用して。

良質な睡眠

寝不足は肌荒れと髪質の乱れの原因に。就寝前のスマホを控えるなどして睡眠の質を確保しましょう。

きれいなお作法

5 アクセサリー・香水

お気に入りの香水をつけて気分を上げたり、アクセサリーでおしゃれを楽しんだりする際にも、気を配りたい相手がいます。

目を引くアイテムは場所を選んで

つい暗い色やベーシックな色の洋服ばかり着てしまうという人も、シンプルなシルバーやゴールドのアクセサリーと組み合わせるだけで華やかな印象になります。

気をつけたいのはビジネスシーンでのアクセサリーの選び方。おしゃれに気を遣うことは大事ですが、大きく存在感のあるアクセサリーは目を引き、仕事相手にとっては気になってしまうことも。

また、飲食店では器に手を添えたり持ち上げたりすることもありますから、指輪などは邪魔にならないサイズ感のものを選びましょう。ネイルも同様に、その場にふさわしい色柄や爪の長さを判断した上で楽しみたいものです。足先が見えない場合はフットネイルで自由に楽しみましょう。

香りはほんのり香る程度に

配慮が行き届いている人は、身に纏う香りもわきまえているもの。病院はもちろん、エレベーターや混んでいるバス・電車の中では、強すぎる香りが原因で気分が悪くなってしまう人も。香水の匂い自体が苦手な人もいるでしょう。

また、飲食店では香水が料理の味や風味を邪魔してしまうことがあります。そのため、香水はＴＰＯに合わせて適量をつけましょう。上半身につけると強めに香ってしまうため、ほんのり香らせたいときは膝の裏側や足首などの下半身につけます。ほかに、濃度が低く香りも控えめなオーデコロンを使うのもおすすめ。香水はあまりつけないという方も、柔軟剤や整髪料が強く香ってしまっていないかの注意が必要です。

おしゃれの気配り

自分も周囲の人も、気持ちよくおしゃれを楽しめるように
気をつけたいポイントをまとめました。

アクセサリーのマナー

スーツやモノトーンコーデにアクセサリーでアクセントをつけると一気に華やかに。職場では揺れるもの、派手なものを避けて。

ネイルのマナー

職場では派手すぎるネイルは考えもの。書類確認や会議でも指先ばかりが気になってしまうかも。足のネイルで楽しみましょう！

香水のマナー

人混みや飲食店に出かける際は、香水を膝裏や足首につけるとほのかに香る程度に抑えられます。

気をつけたい 「香害」に注意！

良い香りは気持ちを華やかにしてくれますが、行きすぎると「香害」に。

香りの強い洗剤

衣料用洗剤や整髪料などの香りにも注意。使いすぎないように気をつけましょう。

飲食店の香りのマナー

飲食店では料理の香りを楽しみたいもの。香水は周りのお客さんにも迷惑になるため控えましょう。

密閉空間での強い香り

強い香りは混雑する電車やバス、エレベーター、劇場、映画館などの人が密集する場所ではNG。

【コラム】　「自分らしさ」は作れる！

やっぱり「見た目」が大事な理由

見た目が印象に与える影響の大きさは科学的にも証明済み。せっかく素敵な会話をしても、身だしなみや表情によってはあなたの魅力が半減してしまうかも。

見た目と印象の関係が明らかに！メラビアンの法則

心理学の有名な法則に「メラビアンの法則」があります。情報が相手に与える影響の度合いを、視覚（見た目）、聴覚（声のトーンや強弱）、言語（話の内容）の３つの数値であらわすと、視覚 =55%、聴覚＝38%、言語＝7% という結果に。同じ内容を話していても、視覚情報や聴覚情報によって印象は大きく変わってしまうということです。

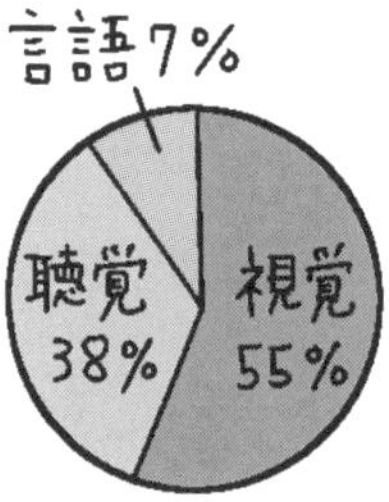

言語7%
聴覚
38%
視覚
55%

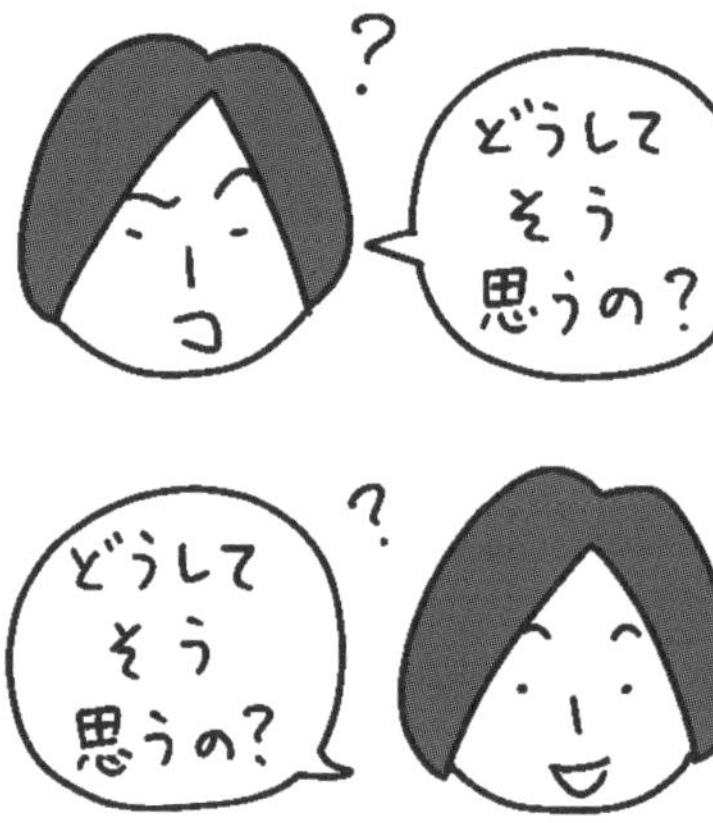

?
どうして
そう
思うの？
?
どうして
そう
思うの？

身だしなみで印象を変える

ひとつ結び
眼鏡
きっちりスーツ

ハーフアップ
表情を見せる
やわらかシャツ

信頼度 高

髪を後ろで１つ結びにするなど、顔まわりをスッキリまとめることで信頼感を演出できます。眼鏡も信頼感を高めるアイテム。仕事中はコンタクトではなく眼鏡に切り替えてみるなども効果的です。

高 好感度

好感度を高めたいなら、髪を1本にまとめるよりもハーフアップがおすすめです。また、表情は笑顔を意識することが大事。眉が見えるような前髪なら、表情がわかりやすく、顔も明るく見えます。

【第4章】日々の暮らしのお作法

誰かと食事をする、お店へ買い物に行く、自宅に招待してもらう……日々の暮らしで起こる様々なイベントにおいて、自分も相手も心地よく過ごせるポイントを学びましょう。

1 食べ方①～和食のキホン

和食の作法には、細かいマナーがあります。それは、四季折々の食材とゆっくり向き合うための姿勢だといえます。和の会食の心得を知っておきましょう。

四季折々の食材を堪能する

会食の席は、美しいふるまいを印象づける大切な機会です。「食べ方」には、その人の教養があらわれるといわれます。周りの人もあなたの所作をよく見ています。

まずは和食の作法から。会話を楽しむために食事をする欧米と違い、日本では、「静か」に「残さず」食べることが美徳として重んじられてきました。四季折々の食材を味わい、器の美しさを愛でながら食事をする会席料理のスタイルは、こうした背景から生まれたものです。

和食の所作の決め手になるのは、やはり箸の持ち方です。正しくきれいに箸を使えることは、テーブルを囲む人々に安心感を与えます。箸を取り上げる際など、一つひとつの動作を丁寧に行うと優雅な印象を与えることができます。

まずは香りを楽しみ、器を愛でる

会席料理は、前菜にあたる「先付け」から「お椀」「お造り」「焼き物」「揚げ物」「炊き合わせ（煮物）」「ご飯」「水菓子」という流れで供されるのが一般的です。

料理が運ばれてきたら、まずは旬の食材の香りを楽しみ、それを彩る器を観賞します。それからゆっくりと箸を取り上げ、旬の食材を丁寧に味わいましょう。

お造りや揚げ物の盛り合わせは、薄味のものから濃い味のもの……という順番で食べるのが基本です。このあたりも和食の繊細な味わいを堪能する上で重要です。

お椀の持ち方など、細かいマナーはありますが、何よりも大切なのは、食事を通じて「季節の旬」を感じること。同席する人々とそれを分かち合えるといいですね。

会席料理で四季を感じる

会席料理のコースには、四季の食材を楽しむ物語があります。
マナーにとらわれず、ゆっくりと和食の“粋”を堪能しましょう。

Check!

料理を出されたらすぐに食べるのではなく、まず器と料理の香りを堪能します。

Check!

食材について質問があれば、お店の人と会話してみてもいいでしょう。

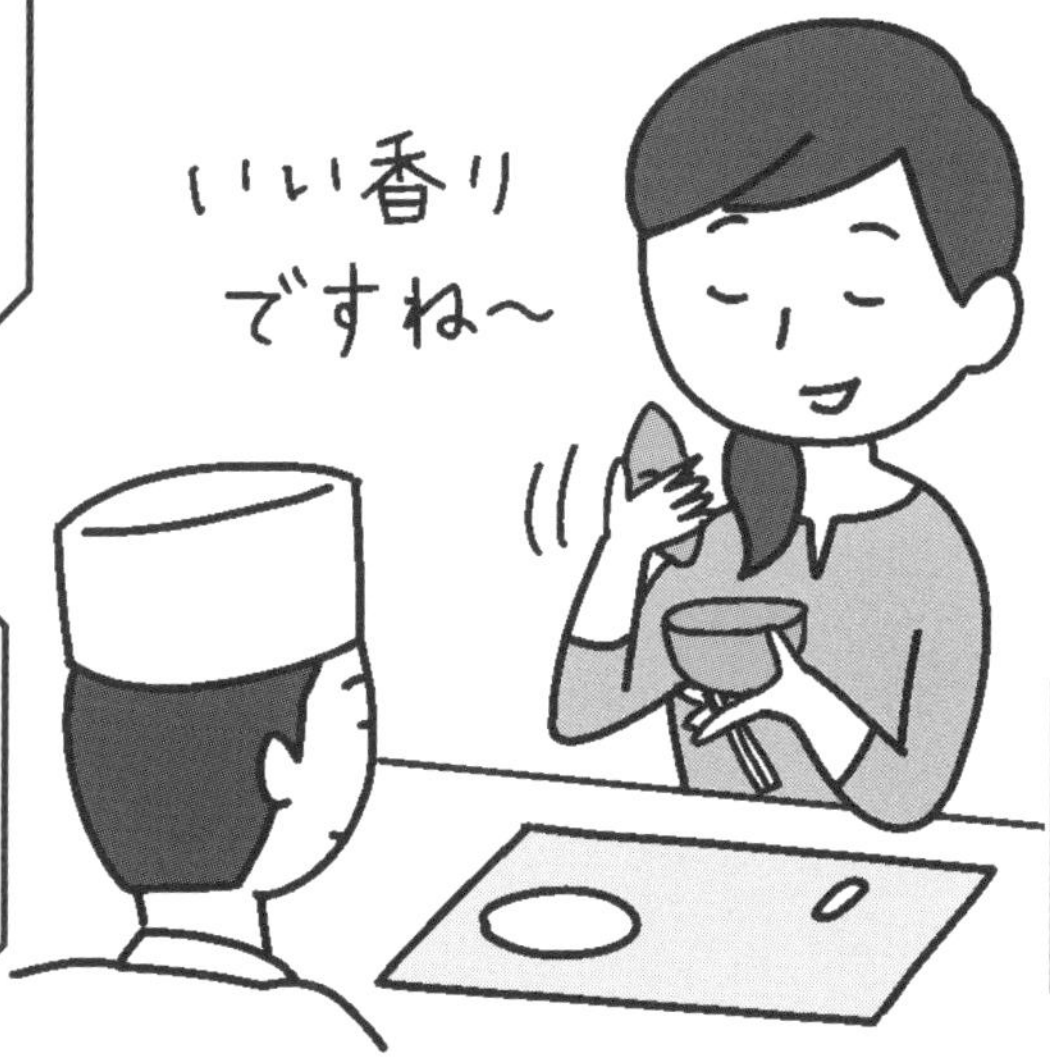

Check!

器を傷つけることがないよう、装飾の多い指輪などは外しておきます。

ここで差がつく！ 箸の取り上げ方

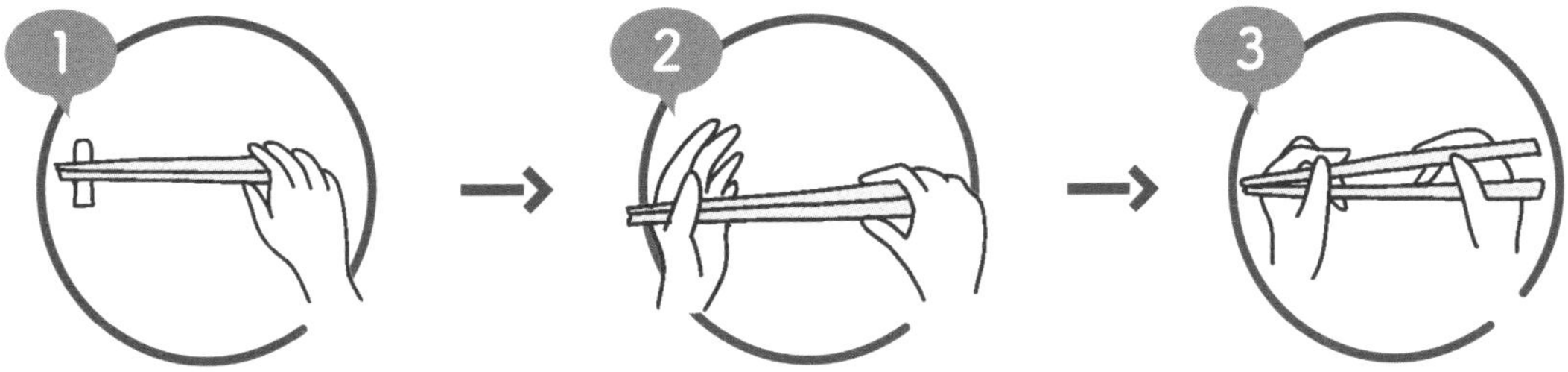

1. 右手の親指、人差し指、中指の3本で上からつまむ。
2. 箸を左手の親指と人差し指の間に挟んで支える。
3. 右手を箸の下に移して、通常の持ち方に。

【応用編：お椀を持っているとき】

1. 左手にお椀を持ちながら、右手の3本で箸をつまむ。
2. お椀を持った左手の人差し指と中指、薬指の3本で箸を受ける。
3. 箸を右手に持ち替え、お椀を持った左手を元の状態に。

2 食べ方②～洋食のキホン

欧米系の一流レストランに行くと気になるのはテーブルマナー。しかし、本当に求められているのは、コミュニケーションを楽しむ姿勢なのだとか。

レストランは「社交」の舞台

欧米では、レストランは「社交」の舞台です。洋食の作法では、基本のマナーをおさえつつ、いかに周囲とのコミュニケーションを円滑にとれるかが重要になります。ポイントは、その場の雰囲気に違和感なく溶け込むこと。一流店であれば、男性はスーツやジャケット、女性はフォーマルなドレスやワンピースが基本です。服装が店にふさわしくないと判断されるとフロアの端の席に通されるのでご注意を。

入店したら上着とバッグをクロークに預け、案内されたテーブルに向かいます。席につくのは、フロアスタッフに椅子を引いてもらってから。女性が先に席につきます。一流店は、すべてにおいて「レディーファースト」が徹底されているので、ゲストもそれに合わせましょう。

会話のキャッチボールを楽しもう

コミュニケーションのスキルを試されるのが、オーダーの場面です。ここで「知ったかぶり」をする必要はありません。知らない食材や料理名があれば、遠慮なくフロアスタッフに聞きましょう。実は、「なんでも聞く」が正解で、お店側も喜んで対応してくれます。慣れた人は、「メインは牛肉を食べたいから、前菜はどうしよう？」などと、当日の食事のストーリーをスタッフに伝えて、会話のキャッチボールを楽しむといいます。

もちろん、基本のテーブルマナーも重要です。料理を撮影する際は周囲が映り込まないように配慮を。洋食の作法の根底にあるのは、同席者だけでなく、周囲のゲストも心地よく食事できるように意識する姿勢だといえます。

一流レストランの心得

欧米系の一流レストランでは、雰囲気に溶け込むことが重要。
その場に合わせた服装や会話を意識できるとスマートです。

Check!
男性はスーツやジャケットスタイルがキホン。

Check!
女性はフォーマルなドレスやワンピースで。椅子には浅めに座り、姿勢は正しく。

Tips

おさえておきたい！　カトラリーのサイン

❶ 食べ終えたとき

食べ終わったらナイフ、フォークを並べて柄が斜め下に向くように置く。フォークは上向きに。

❷ 中座するとき

食事中に中座するときは、ナイフとフォークを「ハ」の字に置く。「まだ食べます」のサイン。

❸ ナプキンの扱い

中座するときや帰るとき、ナプキンは軽く畳んでテーブルの上へ置くのがスマート。

きれいなお作法

3 手紙の書き方

直筆で書く手紙は、自分の想いがダイレクトに伝わるもの。だからこそ気遣いをそっとしたためて相手に受け取ってもらいたいですよね。

文章と宛名の基本構成

手紙には、文章の基本構成があります。前文という頭語と時候の挨拶などから始まり、その後に主文、続いて末文で結びの挨拶をします。そして最後に後付で日付・署名・宛名などを書いて締めます。この4ブロックを意識すると相手が読みやすい文章に仕上がるのです。

また、手紙にも上座と下座があり、「私」のことを書くときは下座である行末から書き始めると謙虚な姿勢を示せます。万が一、「私」が上座に来るときは、文字を小さくして工夫しましょう。

封筒の宛名は最初に大きな字で書き、そのあとに住所等を書くとバランスよい見た目になります。相手の肩書きは名前と同じ行の上に、名前より小さい字で書きましょう。

きれいな字やレイアウトを意識して、受け取った人が気持ちよくなる封筒をつくりましょう。

季節の挨拶を使って心を込める

四季のある日本では、季節に合わせた時候の挨拶も手紙に含める大事な要素です。月の上旬・中旬・下旬に沿ってそれぞれの挨拶を工夫できると、より細やかな季節の移ろいを感じられる手紙に。たとえば4月上旬では「春風の候」、中旬では「清明の候」、下旬では「穀雨の候」などがあります。慣れてきたら慣用句ではなく、自分の言葉で季節感のある挨拶ができると、より心のこもった手紙に仕上がります。

また、季節に合った郵便や切手を選ぶのも、より風情が感じられて相手の心も温かくなるでしょう。

もらってうれしい手紙

きれいな字で書かれた手紙を受け取ると、自然と心が凛とします。

季節の言葉も添えて、相手を思いやった手紙を書きましょう。

文章の基本構成

【前文】
頭語・時候の挨拶など
(例)拝啓　春風が心地よい頃となりましたが、皆さまお健やかにお過ごしでしょうか。

【主文】
行の前半
＝手紙における
上座

行の後半
＝手紙における
下座

(例)

山田様にご指導いただきましたプロジェクトの結果につきまして、～～～～～～～～～～～～。私も～～～

～～～～～～～～。

【末文】
結びの挨拶
(例)略儀ながら書中をもちましてお礼とさせていただきます。

【後付】
日付・署名・宛名など
(例)令和五年○月○日
鈴木香菜
山田花子様

Check!

目上の人には「追伸」を使わない

宛名の書き方

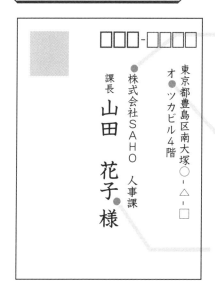

□□□-□□□□
東京都豊島区南大塚○-△-□
オツカビル4階
株式会社SAHO　人事課
課長
山田　花子様

相手の所属は名前の右上に小さな文字で書く

住所の2行目は、1行目の1文字目と2文字目の間からスタートする

役職・名前から書き始める。これをもとに全体のバランスをとると◎

ワンポイント
時候の挨拶

4月上旬：春風の候
4月中旬：清明の候
4月下旬：穀雨の候
いつでも使える：時下

春の挨拶のなかでも、微妙な季節の変化を表現できるとより雅やかですね。お見舞いやお悔やみの手紙には、時候の挨拶は不要です。お詫びやお礼を強調するときは、簡略化して工夫しましょう。

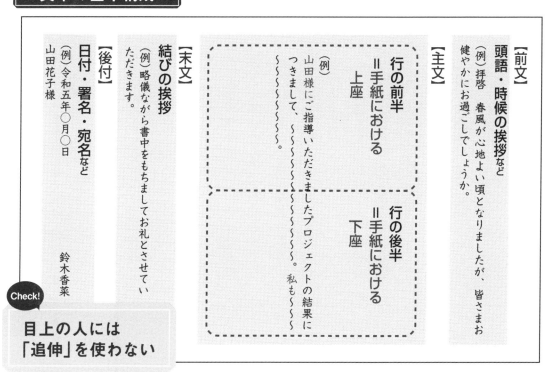

4 お呼ばれ①〜訪問・手土産

お呼ばれした際は、相手がおもてなしのために手間をかけてくれていることに感謝しましょう。その上で失礼のないふるまいを心がけることが大切です。

玄関に入る前から作法があります

個人宅にお呼ばれする日にまず気を配りたいのは到着時間です。予定より早い到着では準備中の相手を焦らせてしまう可能性があります。時間ぴったりか数分遅れるくらいが好ましいでしょう。気軽に連絡が取れるなら、何分後に到着するかをメールすると親切です。

到着したら、インターホンを鳴らす前にコートや帽子などを脱ぐのがマナー。雨の日はハンドタオルを持参して室内に濡れたものを持ち込まないように配慮します。

玄関では正面を向いて靴を脱ぎ、脱いだ靴は向きを変えて玄関の端に寄せます。このとき相手にお尻を向けないように。居間に通されたら「失礼いたします」と言い、それから招いてくれたことへのお礼を述べましょう。

手土産には思いを込めて

手土産はお茶菓子などを用意して自宅に招待してくれた相手に対するお礼の気持ちとして持参します。居間に通され、「お招きいただきありがとうございます」と述べた後に渡しましょう。手土産の内容は、相手の好みが分かればそれに合うものを選びます。間に合わせで用意したような印象を与えてしまうので、訪問先の近所で購入するのはNGです。また、冷蔵・冷凍品よりも個包装のものや日持ちするものの方が相手の手間を取らせません。

いずれにせよ、相手のことを思って選んだ品であることが伝わればきっと喜んでもらえます。手渡す際は「とてもおいしいと評判でしたので」「○○がお好きと伺ったので」など気持ちが伝わるひと言を添えられるといいですね。

訪問時のキホンのお作法

招待してくれた方に気持ちよく迎え入れてもらえるよう、
まずは訪問時のお作法をおさえましょう。

Check!

訪問時間に気配りを

ご飯どきの時間帯は避けて訪問します。約束の時間ぴったりか数分遅れて訪ねるようにしましょう。

Check!

ご家族に配慮を

家族構成に合った手土産を。高齢の方やお子さんがいるなら硬いせんべいを避けるなどの配慮をします。

Check!

上着類は事前に脱ぐ

インターホンを押す前に、玄関あるいはエントランスで上着や帽子、マフラー、手袋などを脱ぎます。

ワンポイント

雨の日の持ち物

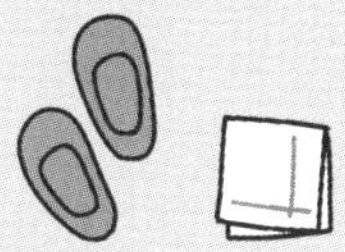

雨粒を拭うハンドタオルのほか、足元が濡れてしまったときに備えて替えの靴下があると安心です。

玄関口でのマナー

紙袋は汚れよけ

室内では手土産を袋から出して渡します。袋は汚れよけの意味があるため、屋外では入れたままでOK。

脱いだ靴の置き場所

靴を揃えるときは下座である下駄箱側に寄せます。ただし絵や花が飾られていたら、その反対側に。

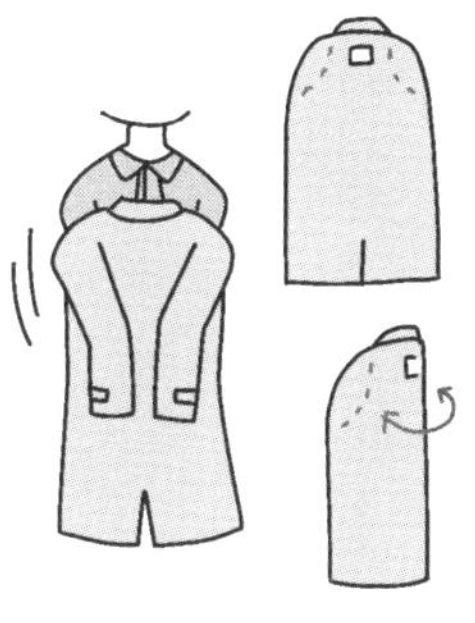

コートの扱い方

ホコリを室内に持ち込まないようにするため、コートは裏返して軽くたたみ、腕にかけて持ちます。

5 お呼ばれ②～お茶菓子・帰宅

親しい間柄なら砕けた態度も問題ありませんが、初対面の人や上司の自宅に招かれることも。いざというときに備え、きれいなお作法を身につけましょう。

片付けまで気を遣って

訪問先でお茶菓子を出されたら「おいしいです」などの感想も伝えつつ、きれいにいただきましょう。片付けがしやすいようにお茶菓子の袋やケーキのセロハンなどのごみはお皿の端に寄せたりまとめたりしておきます。細かいかすが出やすいクッキーやせんべいの場合はハンカチを膝上に敷くなどして床にこぼさないように。食器類にこだわりが見られたら、ひと言触れると話のきっかけにもなります。

招待してくれた方との間柄にもよりますが、食事のあとの片付けは「お手伝いしましょうか？」と一度声をかけてみましょう。遠慮したいという人もいるため、無理に手伝おうとするのは控えます。「○○をお願いします」と指示されたらその通りに手伝いましょう。

帰り際もスマートに

長居してしまうと招待してくれた方の迷惑になる可能性があるため、話が盛り上がっていても訪問する側が気を遣って解散を切り出しましょう。招待した側は帰宅を促しづらいものです。食事の時間にさしかかる前に「楽しかったのでつい長居してしまいました」などと伝えてお暇するのがマナー。玄関では訪問時と同様に、相手にお尻を向けないようにして脱いだスリッパを揃えます。また、コート類は玄関を出てから着ましょう。

帰宅したらすぐにお礼の気持ちを伝えるメッセージを送ります。メールやＳＮＳでもいいですし、連絡先がわからない場合は同席した知人経由で伝えてもらうのも手です。お礼状を送るなら３日以内に出すようにします。

お呼ばれ上手の気配りポイント

手荷物はどこに置くのが正解？　子ども連れで気をつけることは？
「また招きたい」と思われる気配りのポイントをお伝えします。

Check!
大きめの荷物は
ドア側の床に、
小さいものは椅子の
背中側に置きます。
手土産は床に直接
置かないように。
Check!
午前中なら11時、
午後なら16時など
食事の準備が
始まる前に
お暇しましょう。
Check!
洋室なら出入口に
近い席が下座、遠い席が
上座。上座は促されてから
座ります。

Tips

気まずい雰囲気にならないために……

PIZZA

やさい
スティック

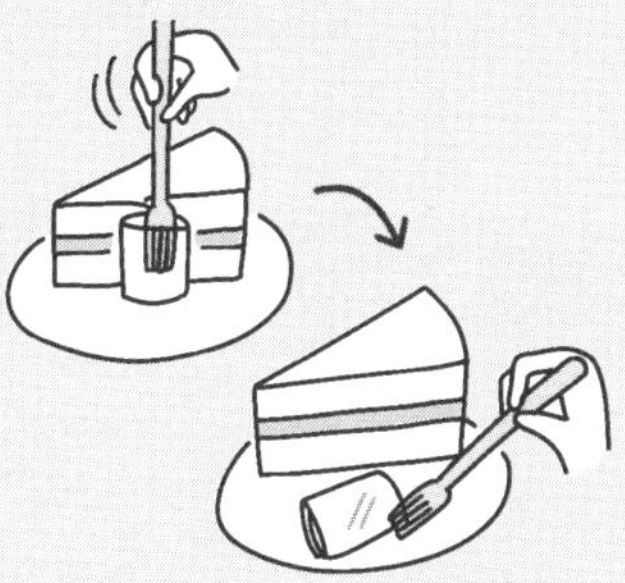

差し入れは要確認

食事会で差し入れを持参するなら事前の確認を。メニューの被りや相性に配慮するためです。

子連れアイテム

小さい子どもを連れて訪問する場合は、静かに遊べる絵本やおもちゃ、おやつなどを持参して。

ケーキのセロハン

手を汚しやすいケーキのセロハン。フォークで挟み、くるくる巻き取るときれいに処理できます。

6 和室のお作法

普段あまりなじみのない和室には、利用する際の細かい作法があります。ふすまの開け方、座布団の座り方など、キホンの作法をおさえておきましょう。

「相手を敬うこと」がキホン

洋室での暮らしに慣れた若い世代は、老舗旅館や料亭で出合う和の空間のしきたりに戸惑うこともあるでしょう。

和室のしきたりでは、「相手を敬うこと」が基本になります。そのため、ふすまや障子を開ける際は必ず目線を低くして、相手を見下ろさないように入室します。退出時も相手に背を向けないようにする必要があります。

和室に入る際は、敷居を踏まないこと。これは、溝が傷んで障子やふすまの滑りが悪くならないようにする配慮でもあります。同様に畳の縁も踏まないのがお作法。

和室を歩く際は、音を立てずにすり足で進むのがスマートです。座布団に座るのは、挨拶を終え、相手にすすめられてから。まずは畳の上に正座してお辞儀をしてから、膝をついた状態で静かに座布団に上がります。その際、座布団を足で踏むのは論外。座布団の上でお辞儀をするのも相手にとって失礼にあたります。細かいところですが、すべて「相手を敬うこと」に通じます。

お客様や目上の人は「上座」へ

最後にお座敷の「席次」について。まず、出入口から遠い「上座」に、お客様や目上の人が座ります。逆に出入口に近い位置が「下座」で、こちらにもてなす側が座ります。

荷物がある場合、しつらいの空間である床の間に置くのはNG。上着や荷物は入口で預けるのが基本になります。こうした最低限のお作法をおさえておくだけで、気持ちに余裕ができ、落ち着いて過ごせるでしょう。

お座敷でのふるまい

老舗旅館や料亭などのお座敷の利用には細かいお作法があります。
ふすまの開け方、座布団の座り方などをおさえておきましょう。

Check!
畳の上に正座して、
お辞儀をしてから
座布団へ。

ワンポイント

お座敷の席次

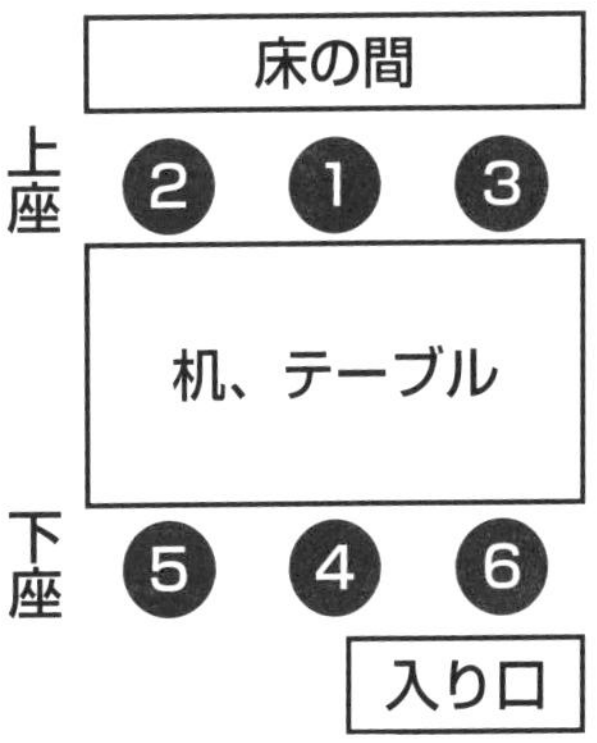
床の間
上座
2 1 3
机、テーブル
下座
5 4 6
入り口

座布団の座り方

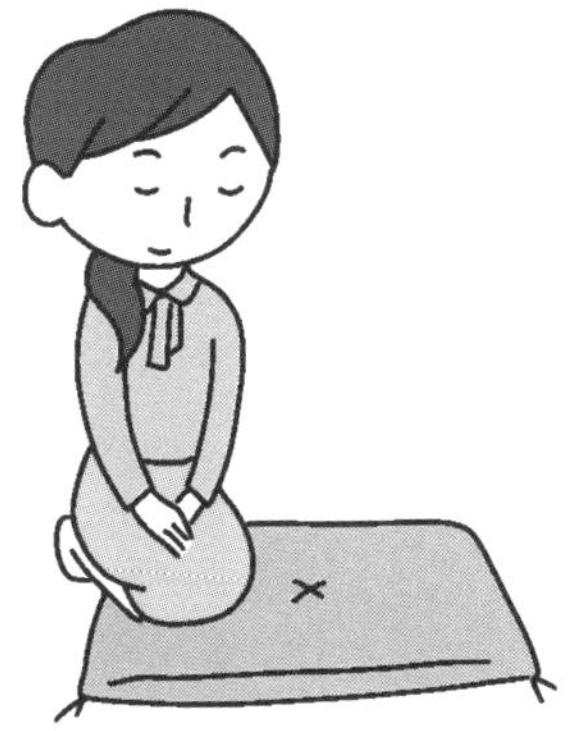

座る際は膝から少しずつ座布団の上へ。「どうぞ崩して」と言われるまでは正座を続けるのがキホンです。

ふすま・障子の開け方

ふすまや障子を開ける際は、前傾姿勢で目線を下げた状態か膝をついた状態で。目線を下げたまま入室します。

7 お酒の席のお作法

最近、減少傾向にある会社の飲み会。それでも取引先や上司との重要なお酒の席で、相手が心地よく過ごせるようなふるまいを覚えておきたいところです。

お酌もコミュニケーションのうち

時代もあり接待の飲み会は減っていますが、お酒の席は今でも取引先や上司との距離を縮める大切な機会です。ルールばかりに縛られる必要はありませんが、昔ながらの酒席の作法を教養として頭に入れておくといいでしょう。

まず、日本において、宴席のコミュニケーションの入口となるのが「お酌」です。瓶ビールの場合は、両手で瓶を支え、ラベルを上にして注ぐのがキホン。お酌を受ける際は、左手でグラスの底を支えながら、右手でグラスをやや傾けると余計な泡が立ちません。日本酒の場合も必ずお銚子を両手で持ってお酌をします。受ける際もお猪口を両手で持ち、注がれたら少し口をつけてからテーブルに置きましょう。そして、乾杯の際は必ず、年長者のグラスやお猪口が上になる状態で、ゆっくりと合わせるようにしましょう。

レモンは各自でかけるように

宴会の席では、大皿で料理が供されるケースもあります。料理を取り皿に移す際は、必ず取り箸を使いましょう。さらに、テーブルの人数を見て、等分に行き渡るように配慮することも忘れずに。焼き魚や揚げ物などにレモンが添えてあった場合は、断りなく大皿全体にかけるのは避けたいところ。取り皿に移してから、各自でかけるように促すのがスマートです。

空になったお皿やグラスは、テーブルの端にそっと寄せておきましょう。その際、高級店ではお皿を重ねないこと。高価なお皿を傷める可能性もあるので要注意です。

お酒の席の気配りポイント

飲み会で意識すべきことは、同僚や上司、取引先など、
メンバーによって変わります。おさえるべきポイントはこちら。

1 グラス・お猪口に注目

接待や上司との飲み会では、空いたグラスやお皿を意識しておきましょう。空いたグラスに気づいたら、「お飲み物はよろしいですか？」と声かけを。

2 済んだお皿は端へ

食べ終わった大皿や取り皿は、テーブルの端に集めましょう。テーブルがすっきりしますし、店員さんにも喜ばれます。ただ、高価なお皿やお椀は重ねないのがマナーです。

3 参加者に合わせた料理を

「適当に頼んでおいて！」。若手社員にとって、一番の難問です。気兼ねせず、アレルギーの有無や好みを参加メンバーに確認し、下調べしておいたお店の人気料理を中心に頼むのがいいでしょう。

4 飲めない人への配慮を

お酒が進まない人がいたら、体調が優れない場合やお酒が得意でない可能性を考慮し、ソフトドリンクをすすめましょう。お酒が弱いと自覚している人は、自らも適量を意識して楽しみましょう。

ワンポイント **お酌のお作法**

相手にお酌をするときもお酌を受けるときも、「両手で」が基本。ビールを注ぐときは初めに泡が立つよう勢いよく注ぎ、残りを少しずつ注ぐと、泡が蓋の役割を果たすので風味が落ちにくくなります。とはいえ、泡を嫌がる人もいるので、好みを聞いてみるのもいいでしょう。

8 お店のお作法

きれいなお作法

知人だけでなく、お店のスタッフにも丁寧に接する人は素敵です。「またお店に来てもらいたい」と思われる人は、どのようなふるまいをしているのでしょう。

感謝の気持ちは言葉で伝える

同じ空間にいる人への思いやりは常に意識したいですね。それは同席者だけでなく、スタッフに接するときも同様です。自分は客だからサービスされて当たり前という横柄な態度はよくありません。美味しい料理や気持ちのいいサービスに出合ったら、その場で感じたことを伝えましょう。どのように美味しかったのか、何がうれしかったのかなど、具体的な内容を言えるといいですね。言葉にするのが難しいときは、笑顔で会釈をして気持ちを伝えます。

会計をするときも思いやりを忘れずに。スタッフの手間や時間をとる個別会計は避け、なるべくテーブル会計で済ませましょう。精算や現金の受け渡しは、お店の外でできるとスマートですね。

お店のものはきれいに使う

ショッピングに出かけた際も、節度あるふるまいを心がけましょう。たとえば服屋で試着室を利用するとき、１人だからと油断してはいませんか。脱いだ靴は揃えて並べ、試着した服はファスナーを閉めたり、ボタンをある程度とめたりしてから返しましょう。細かな所作にも人となりはあらわれます。公共のものは使う前の状態に戻すことを意識して利用しましょう。

また、試着した服を買わないときは「ご紹介いただいてありがとうございました」と伝えて丁寧にお断りします。「買う・買わない」の判断をするための試着ですので、後ろめたいことはありません。自分の意思を堂々と伝えて、お互いに気持ちのいい時間を過ごしましょう。

好印象なお客さまって？

身内に限らず、お店の人にも丁寧に接すると、買い物の時間がより一層充実したものに。感謝の気持ちを態度で示しましょう。

せっかく相談にのっていただいたのですが、今回はやめておきます
かしこまりました

買わないときも堂々と

店員さんにすすめられたから、自分から試着・試食を頼んだからといって必ず購入する必要はありません。相手への感謝は伝えつつ、きっぱりお断りを。

ワンポイント

気持ちを言葉で伝える

そのお店の商品やサービスが好きなら、素直に伝えてみましょう。お店の人もきっと喜んでくれます。

レストランでスタッフを呼ぶとき

目配せをして合図する
手は肩の高さに上げる

レストランで床に落としてしまったカトラリーを、身をかがめて自分で拾うのは美しくありません。スタッフは常に周りを見ているので、すぐに気づいてくれるものです。

9 ＳＮＳのお作法

相手の顔が見えないＳＮＳは、より気遣いのあるコミュニケーションが必要。自分も相手も気持ちよく交流するために、何に気をつければいいでしょうか。

自分勝手な投稿は控える

ＳＮＳでペットや車、家などの自慢投稿ばかりが並ぶと、見ている人も気疲れしてしまうもの。他人からの賞賛が目当ての投稿はできるだけ控えましょう。

また、自分が写っているからと他人も写り込んだ写真を勝手に投稿していませんか？　その行為はプライバシーの侵害にあたるかもしれません。気心の知れた仲でも、必ず本人の許可をとりましょう。この心がけはＳＮＳでコメントを残す際にも通じます。個人を特定できる固有名詞や内容が含まれていないかに気を配ることが大切です。

何かに抗議したいときは、この言い方で問題がないか、誰かを必要以上に傷つけていないかを見直しましょう。衝動的に行動せず、丁寧に伝える意識を大切に。

仕事とプライベートの線引きを

最近ではＳＮＳを仕事のツールとして使う人も増えてきました。それと同時に、便利で使い勝手が良いからと、仕事とプライベートの区別があいまいになっている人も増えています。ある休日、ＳＮＳで上司から仕事の連絡が来て、急な対応を迫られた人も少なくないはず。なるべく相手のプライベートは邪魔したくありませんよね。

そうならないためにも仕事とプライベートのアカウントを分け、メリハリをつけることが大切です。万が一、業務時間外に連絡をするときは「お休みの日に失礼いたします」と、ひと言添える気遣いができるといいですね。その際は「既読をしたらすぐに返事をするべき」など、自分のルールを相手に押し付けないようにしましょう。

失敗しないSNSの使い方

誰でも簡単に利用できるSNS。使うときは相手との距離感や
発言の内容など、一度立ち止まって振り返る姿勢が大切です。

投稿の前にチェック！

Check!
友達の写真を載せる許可はとった？
Check!
必要以上の自慢で独りよがりな投稿になっていない？
今日は○○さんと○○ホテルの
アフタヌーンティーへ！ペットの○○も
○○の○万円のドレスで…
投稿

SNSトラブルを避けるために

昨日の資料どうなった？

お休みの日に失礼いたします
会議の資料ができたのでご確認を…

プライベートを邪魔しない

休日にもかかわらず、何も考えずに仕事の連絡をするのは控えましょう。今送るべき内容か、判断する癖をつけます。

ひと言添える意識を

休日や遅い時間に連絡するときは「夜分遅くに失礼いたします」や「ご返信には及びません」など、ひと言添えます。

冷静になる時間を持つ

ついカッとなってネガティブな発言をしそうなときは要注意。一旦スマホから離れて、1人の時間をとりましょう。

おわりに

本書の制作を通して感じるのは、自分の行動を振り返ったり、反省したりする機会を、普段どれくらい持てているか？　ということでした。

いま自分はどんな表情をしていたか、どんな言葉を発したか、今日の格好や行動は周囲の人にどんな風に見られていたか……。読者の皆さんも、そんなことを思い浮かべながら本書を読み進めていくうち、これまで行き届いていなかった細やかな気遣いやお作法の存在に気づくことができたのではないでしょうか。

〝感じのいい人〟とそうでない人との間にあるのは、周囲に対してどれほど心を配ることができるかの差だといえます。シンプルな答えですが、それをどう行動に移せばいいのかわからないままの人は多いのかもしれません。また、そのために自分自身が心の余裕を持つこともそう簡単ではないでしょう。

本書をヒントに、まずは隣にいる友人や家族、街ですれ違う人に対して、お互いが気持ちよく過ごすためのアクションを起こしてみてほしいと思います。その習慣化こそが、〝感じのいい人〟への入り口になっているはずです。

『イラストでよくわかる　きれいなお作法』制作班

【参考文献一覧】

・石原壮一郎監修『暮らしの絵本　おつきあいのマナーとコツ』（学習研究社）

・ミニマル＋ブロックバスター著　磯部らん監修
『イラストでよくわかる　おとなの「言い回し」』（彩図社）

・ＳＨＯＫＯ
『１秒で惹きつける人になる　読むだけで「最高の自分」！　大人の美容ＢＯＯＫ』（ＫＡＤＯＫＡＷＡ）

・諏内えみ『世界一美しいふるまいとマナー』（高橋書店）

・諏内えみ『「育ちがいい人」だけが知っていること』（ダイヤモンド社）

・髙田将代
『なぜか大切にされる女性になるマナーと心得56　オトナ女子のふるまい手帖』（ＳＢクリエイティブ）

・二階堂多香子『あなたがもっと素敵に輝く　また会いたくなる人のマナー』（ＫＡＤＯＫＡＷＡ）

・西出ひろ子『誰からも愛され、信頼される人になる！　気くばりにいいこと超大全』（宝島社）

・藤本梨恵子『なぜかうまくいく人の気遣い　１００の習慣』（明日香出版社）

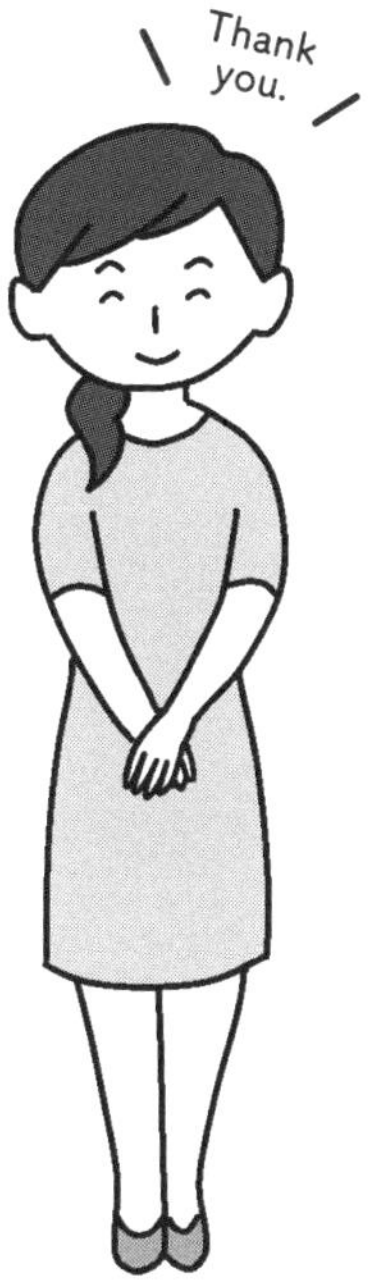

【著者略歴】
◎ミニマル
「食」「カルチャー」から「マナー」「教育」まで、さまざまなテーマのコンテンツ制作を行っている編集プロダクション。丸茂アンテナ、萩原あとり、上垣内舜介、上田朱莉が執筆を担当。

◎ BLOCKBUSTER（ブロックバスター）
デザイナー、イラストレーター、ライター、フォトグラファーなどで構成されたクリエイターチーム。書籍や雑誌記事、ウェブコンテンツの制作を手がけている。後藤亮平がイラストを担当。

イラストでよくわかるきれいなお作法

2023年3月14日第一刷

著　者　ミニマル+BLOCKBUSTER

発行人　山田有司

発行所　株式会社　彩図社
東京都豊島区南大塚3-24-4
MTビル　〒170-0005
TEL：03-5985-8213　FAX：03-5985-8224

印刷所　シナノ印刷株式会社

URL：https://www.saiz.co.jp
https://twitter.com/saiz_sha

ISBN978-4-8013-0649-3 C0039